D0994064

Appliqués, patchwork et couvre-lits

Appliqués, patchwork et couvre-lits

Claude Lamarche

Domino

DESSINS ET PHOTOGRAPHIES : Louise Falstrault

LES EDITIONS DOMINO
3465, Côte-des-Neiges, suite 50, Montréal, Québec
H3H 1T7
Tél. : (514) 937-6311

Copyright LES EDITIONS DOMINO
Dépôt légal : 2e trimestre 1979, Bibliothèque nationale du Québec
ISBN 2—89029—001—8

Je tiens à remercier mes élèves, qui ont collaboré à la prépa-
ration de ce livre que je leur dédie : Diane Blais, Denise
Legault, Linda Carrière, Christiane Larente, Louise Joubert,
Manon Lavictoire, Sylvie Lapointe, Brigitte Lavallée, Louise
Ducharme, Tina-Marie Lafrenière, Sylvie Boucher, Gisèle
Pearson et Nicole Turpin.

TABLE DES MATIÈRES

Présentation 11

I APPLIQUÉS

Projet 1 Chat en feutrine sur du jute au point de feston . . . 18
Projet 2 Chien en feutrine sur du jute au point de chaînette 22
Projet 3 Coq en feutrine sur fond uni au point devant 26
Projet 4 Arbre ou fleur en chutes de tissu sur vêtements
au point de satin 31
Projet 5 Fleur en chutes de tissu sur napperon
au point devant 33
Projet 6 Poupée en chutes de tissu sur fond uni encadré
au point zigzag à la machine 38

II PATCHWORK

Projet 7 Carrés cousus à la machine pour sac 53
Projet 8 Les triangles 63
Projet 9 Les hexagones 66
Projet 10 Les losanges 69
Projet 11 L'étoile à huit branches 73
Projet 12 Pointes folles ou ouvrage fou 76
Projet 13 La cabane de bois 81
Projet 14 Cape en patchwork 88
Projet 15 Laine et patchwork 91

III COUVRE-LITS

Projet 16 Couvre-lit à la machine 102
Projet 17 Couvre-lit au tricot aux aiguilles 107
Projet 18 Couvre-lit à la main : la courtepointe 113

Conclusion. 127
Points utilisés dans ce livre 128
Bibliographie 131

PRÉSENTATION

Les dix-huit projets de ce livre permettent de passer du plus simple au plus complexe dans chacun des domaines réunis sous le triple vocable : appliqués, patchwork et couvre-lits.

Pour avoir parcouru avec les élèves d'une polyvalente tout le cheminement décrit dans ce livre, il m'est possible de reprendre un à un les projets proposés et de les expliquer. Je demeure assurée que ceux et celles qui ignorent tout des principes de cet art et des techniques de ce métier pourront à leur tour aspirer à une maîtrise intéressante.

Pour chacun des projets, j'indique en premier le matériel requis, les dimensions envisagées, une méthode de réalisation ainsi que le patron à utiliser. Je détaille avec minutie le point de broderie choisi, s'il y a lieu. Quelques suggestions complètent chaque chapitre, mais il n'en demeure pas moins que l'imagination a sa place et que la création personnelle est grandement encouragée.

Matériel nécessaire

Trousse de l'auteur

MATÉRIEL NÉCESSAIRE

A chaque projet, je mentionne le matériel requis, mais en plus, pour tout l'ensemble du livre, la liste ci-dessous aidera chacun à réunir l'indispensable.

Cartons : minces et de couleur pâle.

Règles : une petite de 15 cm et une plus grande de 30 cm.

Galon à mesurer : en centimètres.

Colle à tissu : colle adhésive vendue dans le commerce, spécialement conçue pour les tissus.

Crayon à décalquer : crayon (rouge vin en général) qui, employé sur un papier mince ou de soie, permet, à l'aide d'un fer à repasser, de reproduire (à l'envers) tout motif ou contour désiré.

Marqueur à tissu : crayon de toute couleur, qui imprime sur le tissu sans risque de décoloration lors des lavages.

Papier de soie : blanc.

Papier carbone.

Ciseaux à papier.

Ciseaux de coupe.

Aiguilles : le chas assez gros pour permettre l'utilisation de fil de coton et de fil à matelasser.

Fil numéro 10.

Fil de coton.

Fil à broder : plusieurs couleurs.

Fil à matelasser.

Craie tailleur : blanche et bleu pâle.

I

APPLIQUÉS

L'appliqué est une technique d'art qui consiste à fixer, plaquer un morceau d'étoffe sur un fond de tissu en le cousant à la machine ou à la main.

Le tissu de fond doit être assez rigide, aussi est-il conseillé d'employer les fibres naturelles telles que le coton, le lin, le jute ; cela évitera les faux plis. Le fil utilisé est aussi de coton pour les coutures à la main. A la technique de l'appliqué sont souvent associés les points de broderie : cette première partie en propose quelques-uns.

L'appliqué permet à l'imagination de se faire valoir puisqu'il ne se rattache à aucun modèle traditionnel donné. A chacun sa fantaisie, et même si l'appliqué s'en tient au genre figuratif, les formes, elles, varient à l'infini. Le patchwork sera beaucoup plus rationnel dans l'emploi des motifs (carrés, hexagones, triangles, etc.), tandis que tout est permis dans l'appliqué, toutes les compositions sont valables en autant qu'elles suivent la technique de l'appliqué. A preuve, les exemples suivants : les dessins sont figuratifs et non abstraits, les formes ne sont pas vraiment déterminées. Souvent, même les dessins réalisés par des enfants font de très beaux sujets pour des appliqués.

PROJET 1 Chat en feutrine
sur du jute
au point de feston

MATÉRIEL REQUIS

Pour le chat, on peut employer de la feutrine blanche. Quant aux yeux et à la moustache, la feutrine noire offre un contraste certain et la gueule pourrait être rose ou rouge.

Du fil de coton rouge ou du fil à broder à six brins.

Pour le fond, utiliser du jute rouge. La réalisation d'une murale demande en plus un bâton rond.

DIMENSIONS

Largeur : 17 cm (y compris la queue).
Hauteur : 26 cm.
Nez : un triangle équilatéral de 1 cm de côté.
Moustache : 2 cm.
Gueule : largeur de 4 cm.
Murale en jute : 45 cm X 60 cm.

Chat en feutrine au point de feston

Travail de Linda Carrière

RÉALISATION

Reproduire le patron du chat à l'aide de papier carbone ou de papier de soie. Agrandir ou rapetisser proportionnellement aux dimensions désirées. Découper un gabarit pour chacune des parties suivantes : un oeil, un intérieur de l'oeil et un nez. Avec la craie tailleur, tracer le contour

PATRON DU CHAT

œil

intérieur de l'œil

nez

du chat sur la feutrine blanche, ou utiliser du papier de soie, épingler le patron sur la feutrine, découper et retirer la soie. On peut aussi utiliser un crayon à décalquer (celui dont on se sert sur une feuille blanche et qui permet de reproduire n'importe quel patron en retournant le papier et en le repassant au fer assez chaud ; songer alors que le dessin est à l'envers). Les marques (de la craie ou du crayon) doivent être sur l'envers pour qu'il n'y ait pas de marques sur l'endroit de la feutrine.

Il n'est pas nécessaire de prévoir 6 mm pour un rebord puisque la feutrine offre l'avantage de ne pas s'effilocher. Utiliser de bons ciseaux

Epingler ou tracer le contour des patrons de l'oeil (deux fois) et du nez sur une feutrine d'une autre couleur (noire ou grise). Epingler l'intérieur de l'oeil (deux fois) sur la feutrine blanche et découper. A main levée, sans patron, couper dans la feutrine noire six à huit moustaches d'environ 2 cm de longueur chacune ; couper une langue rose ou rouge. Coller tous les petits morceaux avec une colle spécialement conçue pour les tissus, afin que la feutrine ne plisse pas.

Préparer la murale de jute en coupant du jute à la dimension et de la couleur voulues. Du lin donne un aspect moins rustique, mais peu importe le tissu, pourvu qu'il soit rigide afin que la murale tienne bien. Faire une frange de 2 cm en tirant sur un fil et, à l'aide d'un petit objet pointu (un outil à découdre, par exemple), retirer tous les fils de trame jusqu'à ce que le plus petit des fils de chaîne ait 2 cm (figure 1). Couper l'excédent. Effranger ainsi trois côtés. En haut de la murale, coudre un bord de 5 mm et plier pour obtenir une bordure de 5 cm ou coudre un passepoil afin de passer un bâton (figure 2).

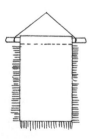

Figure 1   Figure 2

Centrer le chat sur le jute et le coudre avec un fil de coton ou du fil à broder de couleur appropriée. Coudre au point de feston le contour du chat. Si nécessaire, tracer sur la feutrine de petites lignes qui vous guideront.

Le point de feston

Travailler de gauche à droite. Sortir l'aiguille *sous* l'appliqué à gauche, piquer *sur* l'appliqué et sortir en ligne droite en passant le fil sous l'aiguille, tirer légèrement. Repiquer à la même hauteur quelque 2 ou 3 mm plus loin, ressortir en ligne droite en passant toujours le fil sous l'aiguille. Continuer à faire le contour de façon régulière et très près de la feutrine.

PROJET 2   **Chien en feutrine**
                        sur du jute
                        au point de chaînette

MATÉRIEL REQUIS

Feutrine pâle (beige ou brun chocolat au lait) pour le chien.

Feutrine noire ou brun foncé pour les taches, feutrine rouge pour la gueule.

Fil de coton ou à broder jaune.

Jute foncé (noir ou brun).

DIMENSIONS

Chien : 26 cm de hauteur et 22 cm de largeur.
Oreille : 11 cm X 6 cm.
Taches : 2,5 cm X 3 cm.
Nez : 1,5 cm X 2,5 cm.
Gueule : 0,4 cm X 3 cm.
Oeil : 1 cm X 2,5 cm.
Murale en jute : 45 cm X 60 cm.

Chien en feutrine au point de chaînette

Travail de Manon Lavictoire

PATRON DU CHIEN

intérieur
de l'œil

œil

bout du nez

gueule

RÉALISATION

Le chien est exécuté sensiblement comme le chat. On peut varier à l'infini en confectionnant un coussin plutôt qu'une murale ou en préférant un point invisible au point de broderie décoratif, en adoptant un autre textile que le jute. Pour les débutants, il est important de bien développer les habiletés et de connaître les différentes étapes de réalisation avant d'entreprendre des projets plus difficiles.

Reproduire le patron du chien et les différentes parties comme l'oreille, l'oeil, l'intérieur de l'oeil, le bout du nez et une ou deux taches. Les gabarits peuvent être en carton mince ou en papier de soie. Sur le grand patron du chien, marquer des points de repère pour l'oreille, l'oeil et le bout du nez (les taches peuvent être placées selon votre fantaisie) et reporter ces points de repère sur la feutrine à l'aide d'épingles ou de petits traits à la craie tailleur. Epingler les patrons ou en faire le contour sur la feutrine de couleur appropriée. Découper.

Tout comme pour le chat, il est inutile de prévoir un rentré de 6 mm puisque les feutrines ne s'effilochent pas, mais il est indispensable d'utiliser de bons ciseaux bien aiguisés et de découper de façon régulière et invisible. La gueule et l'oeil peuvent être fixés avec la colle à tissu.

Couper un morceau de jute aux dimensions voulues, selon qu'on a choisi de réaliser un coussin, une murale ou autre fantaisie. Epingler le chien au centre du jute. Coudre l'oreille, le bout du nez, les taches et terminer par le contour du chien au point de chaînette.

Le point de chaînette

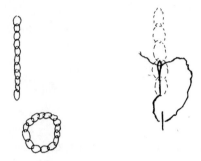

Travailler de haut en bas sur le bord de l'appliqué. Sortir l'aiguille, faire un cercle avec le fil, piquer à côté du fil et sortir l'aiguille en ligne droite, tirer légèrement. Repiquer à l'intérieur du premier cercle, sortir l'aiguille en ligne droite et de façon à ce que tous les maillons formés soient égaux ; chaque fois, glisser le fil sous l'aiguille. Finir en piquant dans le premier maillon si le travail se fait en rond.

PROJET 3   **Coq en feutrine sur fond uni au point devant**

MATÉRIEL REQUIS

Différentes couleurs de feutrine pour le coq. Etoffe unie en coton polyester (environ 50 cm X 80 cm). Du fil de coton ou du fil à broder.

DIMENSIONS

Coq : 26 cm X 26 cm.
Taie d'oreiller ou coussin rectangulaire : 41 cm X 70 cm.

RÉALISATION

Dans les premiers appliqués, nous nous sommes familiarisés avec la feutrine à l'aide de patrons simples. Compliquons les choses. Premièrement, au lieu d'utiliser un animal de base tout d'une pièce, sur lequel on applique l'oreille ou les yeux, cette fois chacune des parties du patron représente un morceau de casse-tête et tout devra bien chevaucher. Cette nouvelle technique prépare aux autres projets plus complexes. En second lieu, remplaçons le jute, qui était d'une texture facile — parce que rigide —, par une cotonnade à laquelle il faudra apporter un plus grand soin afin que des faux plis ne se forment pas autour de l'appliqué.

Patron

Sur papier, dessiner ou reproduire un coq. Cet animal a servi à beaucoup de nos ancêtres pour leurs moules à sucre, au XIXe siècle. D'ailleurs, voici ce qu'écrivent Michel Lessard et Huguette Marquis dans *L'Art traditionnel au Québec* * :

> "Le motif du coq, par sa popularité et sa symbolique, mérite que l'on s'y arrête. Dès la période gallo-romaine, par association entre *gallus* (coq) et *Gallus* (Gaulois), le coq représente le pays et devient petit à petit le symbole de la France (...) Le coq, symbole de la lumière naissante de la résurrection, rappelle aussi le Christ (...) Au faîte du clocher de l'église, soit le plus haut du village, cet animal rappelle la suprématie du spirituel sur le temporel."

Chiffrer les différentes pièces de 1 à 10. Garder un modèle entier qui servira à la reconstitution. Le papier de soie est en général idéal pour reproduire des patrons, mais ici, il serait préférable d'utiliser un papier plus solide, pour qu'il ne se déplace ni ne glisse sur la feutrine. Il est très important que les pièces entrent les unes dans les autres.

Jouer avec les dix pièces dans le choix des couleurs. Epingler un gabarit à la fois sur la feutrine choisie. Prendre soin de découper les contours à 2 ou 3 mm de plus ; ainsi, les morceaux chevauchent facilement sans risque de laisser des jours. Une fois les 10 pièces découpées, reconstituer le coq de gauche à droite et de haut en bas de sorte que :

*Voir bibliographie

— la pièce 1 empiète sur la pièce 5 ;
— les pièces 3 et 4 passent sous la pièce 5 ;
— la pièce 6 passe sous la pièce 5 ;
— la pièce 7 passe sous la pièce 6 ;
— la pièce 8 passe sous la pièce 7 ;
— la pièce 9 passe sous la pièce 5 ;
— la pièce 10 passe sous la pièce 9 par le haut et sous la pièce 5 par la gauche.

Epingler ou faufiler les pièces dans l'ordre décrit ci-haut. Bien centrer le coq sur le tissu de fond. L'étoffe choisie doit être assez résistante pour que la feutrine s'y applique bien.

Coq en feutrine

Travail de Louise Joubert
(variante du coq)

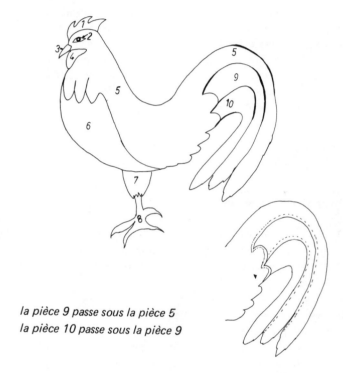

la pièce 9 passe sous la pièce 5
la pièce 10 passe sous la pièce 9

Coudre au point droit. Là où les pièces chevauchent, coudre en une seule fois les trois épaisseurs, bien au bord. Commencer par coller l'oeil, et ensuite, coudre le contour de la crête de la pièce 1. Poursuivre par les pièces 3 et 4, puis le corps 5 et 6 ; glisser les pièces 7 et 8, les coudre ; terminer par la queue 5, 9 et 10. Utiliser un fil de couleur vive. Terminer le coussin ou la mini-taie d'oreiller.

Le point droit

 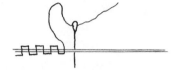

Appelé aussi point devant, il s'exécute de gauche à droite pour les droitiers et inversement pour les gauchers. Ce sont de petits points réguliers égaux sur l'envers comme sur l'endroit. Sortir l'aiguille sur l'appliqué (ne travailler que sur l'appliqué), piquer à quelques millimètres plus loin en suivant une ligne imaginaire parallèle à la bordure de l'appliqué, travailler sous l'appliqué de la même façon. Eviter de pencher l'aiguille dans un angle de 45°, l'ouvrage sera moins solide.

SUGGESTIONS pour feutrine

1) Fruits de couleurs vives, appliqués sur des petites murales 12 cm X 20 cm. Décorer un mur de la cuisine.
2) Autres animaux pour les chambres d'enfants.
3) Fleurs.

Composer de jolis drapeaux, des bannières.
Imaginer des jouets en trois dimensions.
Feutrine sur feutrine pour une pelote d'épingles.
Utiliser différents points de broderie.
La feutrine n'aime pas la pluie ; éviter de l'employer pour des objets de décoration extérieure.

PROJET 4   **Arbre ou fleur en chutes de tissu
sur vêtements
au point de satin**

MATÉRIEL REQUIS

Cotonnades imprimées, vêtements unis de texture résistante. Fil à broder à six brins que l'on sépare en deux.

DIMENSIONS

Environ 15 à 20 cm^2.

RÉALISATION

Les jeunes, même s'ils aiment porter les mêmes vêtements que leurs amis, apprécient la petite touche personnelle qui les différencie. Un arbre sur le dos d'une veste, une fleur sur la manche d'un blouson, ou parfois un coeur sur un pantalon, à la hauteur de la cuisse, et voilà qui permet l'originalité. Décoratifs et parfois utilitaires (cacher une tache indélébile), ces appliqués sont facilement réalisables et ils ne requièrent que des chutes de tissu.

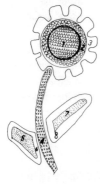

tournesol   *tulipe*

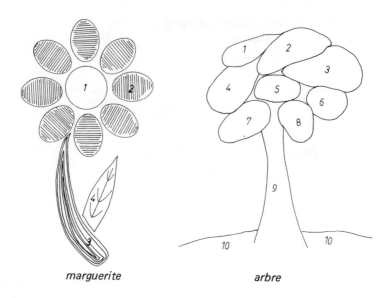

marguerite   *arbre*

Le patron, s'il n'est pas trop grand, peut être réalisé à main levée. Les impatients se contenteront d'un dessin qui ne demande qu'une seule pièce de tissu ; les plus débrouillards, les imaginatifs et les patients se laisseront tenter par un dessin en plusieurs pièces.

Imaginer un dessin personnel, stylisé ou figuratif, ou reproduire un des dessins ci-joints. Le papier de soie et le papier carbone seront utiles. Procéder comme pour le coq : chiffrer les différentes pièces. Couper le carton ou le papier fort. Si on utilise le point de satin, les gabarits seront taillés à la mesure exacte, mais si on désire assembler les pièces par d'autres points de broderie, il faut prévoir 6 mm de plus pour le contour de chacune d'elles.

Pour le TOURNESOL et la TULIPE, procéder de la façon suivante : découper dans le tissu approprié la pièce 3 au complet, c'est-à-dire en laisser l'intérieur plein, découper ensuite la pièce 2 de la même façon et terminer par le centre 1. Chacune des pièces sera alors superposée, ce qui évitera des ajustements difficiles. En cousant la pièce 1, les pièces 2 et 3 se fixeront d'elles-mêmes. Coudre ensuite les feuilles et tiges.

Pour la MARGUERITE, cette méthode n'est pas nécessaire puisque chacune des parties est indépendante.

Choisir des imprimés de couleurs coordonnées. Il est préférable de mêler les motifs (à carreaux, rayés, fleuris, à pois, pieds-de-poule) plutôt que de varier les teintes de couleur, quoique ce soit une question de goût et de coup d'oeil.

Quant à l'ARBRE, commencer par fixer et coudre la pièce 10, qui peut être en un seul morceau. Juxtaposer le tronc 9, continuer avec les pièces 5 (en prenant soin de la centrer) 8, 6, 3, 2, 1, 4 et 7.

Le point de satin

Le point de satin chevauche l'appliqué et le tissu de fond. Commencer sur l'appliqué. Piquer en ligne droite et ressortir tout à côté en formant des points très serrés. Former des parallèles. Dans les courbes, piquer de plus en plus serré à l'intérieur et distancer les points à l'extérieur de la courbe.

PROJET 5   **Fleur en chutes de tissu sur napperon au point devant**

MATÉRIEL REQUIS

Des imprimés en coton polyester, tissu uni pour napperon (genre toile ou lin).

DIMENSIONS (fleur finie, ajouter un contour de 6 mm pour les coutures)

Napperon : 13 cm X 17 cm.
Feuille : 4 cm X 8 cm.
Tige : 25 cm X 17 cm.
Gros pétale : 8 cm X 15 cm.
Petit pétale : 5 cm X 8 cm.

Fleur sur napperon

Travail de Christiane Larente

RÉALISATION

Avec le projet 5, une nouvelle difficulté vient s'ajouter, celle des rentrés. Jusqu'à maintenant, nous avions travaillé avec de la feutrine qui ne s'effiloche pas ou du tissu que nous cousions au point de satin, qui empêche l'effilochage.

Les rentrés exigeront deux étapes particulières : préparation de deux gabarits au lieu d'un, et application plus soignée.

PATRON DE LA FLEUR

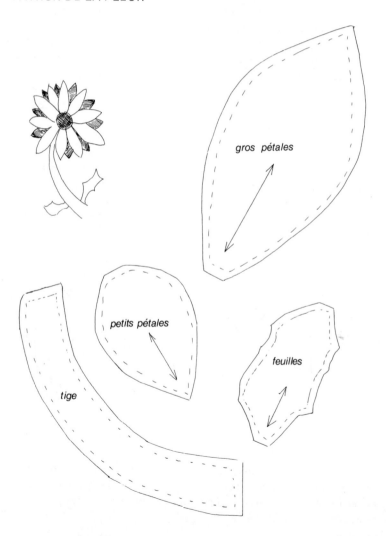

gros pétales

petits pétales

feuilles

tige

Patron

Reproduire le patron sur du papier de soie ou sur un carton mince. Le carton offre l'avantage de fournir rapidement des pétales de même dimension sans risquer que le crayon glisse sous le gabarit. La ligne pointillée des patrons ci-joints représente la ligne de couture, et la ligne continue correspond à la ligne de coupe, qui comprend 6 mm de plus.

Choisir des tissus imprimés et unis de même épaisseur, varier les couleurs, les harmoniser avec la pièce de la maison où iront les napperons. Couper 7 gros pétales, 6 petits pétales, 2 feuilles et une tige. Déterminer le droit fil et le respecter pour les pétales et les feuilles. La flèche sur les gabarits indique le sens qu'il faut donner au tissu.

Rentrés

Pour les rentrés, utiliser les gabarits de carton plus petits et les fixer à l'envers des morceaux. En repliant les bords sur les cartons et en les repassant, nous nous assurons que tous les pétales auront la même forme. Les pointes doivent être pliées en premier et ensuite les côtés. Répéter la même opération pour les petits pétales, la tige et les feuilles.

Quant au cercle du milieu qui recouvrira tous les pétales : couper en rond un morceau de tissu, faire une couture à 4 ou 5 mm du bord, cranter et replier sur l'envers. La couture ne doit pas apparaître sur l'endroit une fois le cercle replié.

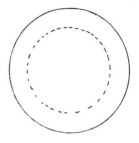 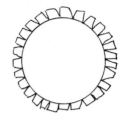 

Napperon

Tailler deux pièces aux dimensions voulues (ajouter 2,5 cm pour les coutures). Si on veut que les piqûres de la fleur apparaissent sur l'envers du patron, coudre le napperon ; si on veut que les piqûres de la fleur n'apparaissent pas, appliquer la fleur sur le dessus du napperon et ne coudre le napperon qu'ensuite.

 Coudre, endroit contre endroit, trois côtés du napperon à 2,5 cm du bord en employant le point droit à la machine à coudre. Couper les coins et retourner les pièces.

Rentrer les quatrièmes côtés l'un vers l'autre à l'intérieur et coudre au point invisible.

Point invisible

 Petits points qui ne se voient ni d'un côté ni de l'autre, cousus dans un angle de 45°.

Fleur

Disposer toutes les pièces sur le dessus du napperon. Les répartir également et faire ressortir les plus beaux pétales. Faufiler ou épingler les pièces en prenant soin que les rentrés laissent une ligne nette. Les petits pétales passent sous les gros pétales (les bords peuvent alors être nus, les épaisseurs seront moins nombreuses) et le cercle du milieu recouvre les queues des gros pétales. Terminer par la tige et les feuilles.

Coudre une surpiqûre à la machine ou, si on ne tient pas à voir cette piqûre décorative, coudre à la main au point glissé.

Point glissé

Le fil glisse sous les rentrés. Les points n'apparaissent pas sur le dessus. Ce point s'exécute en prenant deux ou trois fils du tissu du fond et en prenant un seul fil sous l'appliqué (les rentrés). Coudre dans un angle de 45°, de droite à gauche.

PROJET 6   **Poupée en chutes de tissu sur fond uni encadré au point zigzag à la machine**

MATÉRIEL REQUIS

Cotonnades imprimées et unies.
Tissu uni pour le fond, polyester résistant.

DIMENSIONS

Poupée : 18 cm de largeur et 34 cm de hauteur.
Fond : 41 cm X 52 cm.

RÉALISATION

Reproduire le patron à l'aide d'un agrandisseur ou par la méthode des petits carrés, rudimentaire mais efficace.

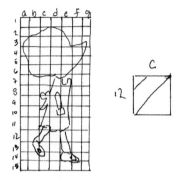

Recopier le dessin avec du papier carbone trois ou quatre fois afin de découper le bras et la poche sur un autre patron que celui où est découpé le tablier. Marquer des points de repère sur le tablier pour bien situer le bras et la poche. Garder une copie intacte pour la reconstitution. Numéroter les différentes pièces : chapeau, bande, tablier, robe, bras et poche. Les jambes et les souliers ainsi que la face et le cou peuvent être dessinés à l'aide de crayons marqueurs spécialement fabriqués pour le tissu et qui ne délavent pas. Sinon, ces parties du patron deviennent les pièces 6, 7 et 8.

Laisser aller sa fantaisie pour choisir les couleurs et les textures mais respecter l'épaisseur des tissus. Si on veut que l'ouvrage dure longtemps, il est préférable de faire des rentrés même si on utilise un point zigzag car les cotonnades s'effilochent facilement.

Couper deux gabarits pour chacune des pièces : l'un qui correspondra à la taille finale du morceau, et l'autre, plus grand, qui aura 6 mm de plus que le premier patron. Surtout si l'on prévoit réaliser plusieurs poupées (pour une couverture, par exemple), il est très important que le patron soit toujours le même afin que toutes les poupées soient identiques.

Sur les tissus choisis, tracer une ligne autour du gabarit en carton (le plus grand) à l'aide d'une craie tailleur et découper. Respecter le droit fil pour le tablier, la robe et le bras.

Poupée en chutes de tissu au point zigzag

Travail de Diane Blais

POUPEE

18 cm largeur
34 cm hauteur

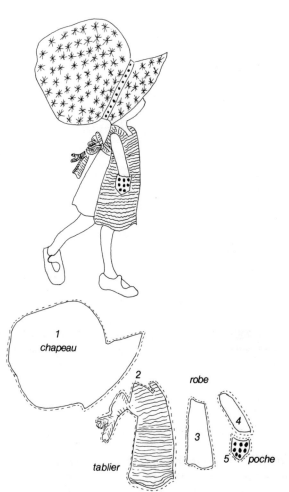

1
chapeau

2

robe

tablier

3

4

5 poche

Chapeau et tablier

Prendre le plus petit gabarit, l'appliquer sur l'envers du chapeau en prenant bien soin que le tissu ait une tension égale. Le repasser si nécessaire. Bâtir en faufilant les rentrés. De petits points tiendront en place les pinces, qui doivent être faites toutes du même côté (figure 1). On peut aussi cranter puis rentrer le tissu à 3 mm du bord et repasser.

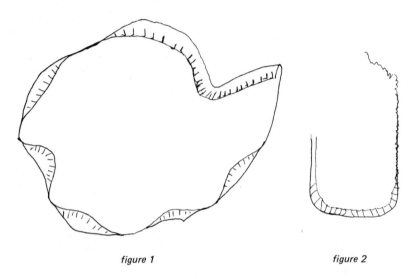

figure 1   *figure 2*

Robe

Faire des rentrés sur deux côtés seulement : le bas et le côté gauche ; le haut et le côté droit peuvent rester nus puisque le tablier chevauche ces deux bords (figure 2).

Bras

L'extrémité inférieure du bras reste nue puisqu'elle entre dans la poche, mais bâtir des rentrés sur les trois autres côtés. Le haut du bras peut être cranté à 3 mm du bord pour mieux le rentrer.

Assemblage

Epingler les différentes pièces sur le tissu de fond. Commencer par le
chapeau. Afin de le poser correctement : tracer avec la craie tailleur une
ligne parallèle au bord de la murale, et bien asseoir sur cette ligne la base *a* et la pointe *b* du chapeau (figure 3). Le côté droit du tablier doit
être parallèle au côté droit de la murale (figure 4).

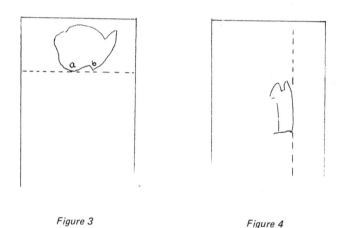

Figure 3   *Figure 4*

Ajuster ensuite la robe sous le tablier, bien glisser les bords nus sous les
rentrés. Centrer la poche sur le tablier en se fiant aux points de repère
déjà marqués. Faufiler le bras et la poche pour qu'ils tiennent bien en
place. Epingler les autres pièces. Coudre le chapeau, le tablier, la robe,
et terminer par le bras et la poche. Le point zigzag n'a pas lieu d'être
serré puisque les bords ne sont pas nus. Exécuter la bande du chapeau
au point de satin à la machine ; l'emploi d'un fil de couleur assortie
ajoutera une note décorative.

Pour coudre, suivre le tracé ci-dessous. Encadrer la murale et protéger

SUGGESTIONS pour chutes de tissu

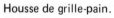

Housse de grille-pain.
Couvre-lit pour lit d'enfant.
Décoration d'un mur : les appliqués servent alors de fourre-tout.
Edredon.
Fanions.
Nappe.
Initiales appliquées sur vêtements.

II

PATCHWORK

Le patchwork est un assemblage de différents morceaux de tissus. Par extension, il est devenu tout ouvrage composé de différents morceaux, qu'ils soient en laine, en papier ou en tissu. Ce mot vient de l'anglais : *patch* (morceau) et *work* (travail). Contrairement à l'appliqué, qui demande la superposition de morceaux, le patchwork se fait par juxtaposition, c'est-à-dire un morceau à côté d'un autre. Il ne faut pas confondre avec l'appliqué, car même si parfois un tissu de fond est utilisé pour le patchwork, il devient en quelque sorte une doublure qui est entièrement recouverte et qui ne sert qu'à mieux retenir le travail. Donnons un exemple : la poupée du projet 6 est un patchwork parce qu'elle se compose de différents morceaux, mais elle devient un appliqué lorsqu'on la coud dans son entier sur un fond de tissu. C'est dire la nuance ! Pour les Français, le patchwork suppose que les morceaux soient cousus bord à bord. Leur patchwork se limite aux formes géométriques et leur appliqué aux dessins figuratifs.

Les plus anciens patchworks viennent d'Amérique. Le froid obligeait les femmes à trouver dans les vêtements un trésor inestimable, et donc à les utiliser au maximum. On se servit d'abord de tissu uni. Par la suite, les imprimés apparurent et chacune laissait aller son imagination, quoique les créations représentaient surtout des scènes familières : fleurs, maisons, animaux.

Du projet 7 au projet 13 inclusivement, il s'agira cependant plus de se familiariser avec les formes géométriques et les motifs qu'elles peuvent susciter que de réaliser un morceau précis. Ainsi, nous assemblerons des carrés, des triangles, des hexagones ; nous connaîtrons l'ouvrage fou et la cabane de bois et nous examinerons les variantes de l'étoile à huit branches.

FORMES GÉOMÉTRIQUES

A la page suivante sont illustrées les différentes formes géométriques utilisées dans le patchwork.

Le *carré* aux quatre côtés égaux. La ligne pointillée indique les 5 ou 6 mm (ou le 1 cm pour les tissus qui s'effilochent facilement) que l'on doit ajouter pour des rentrés. Les carrés les plus utilisés ont 10 cm de côté.

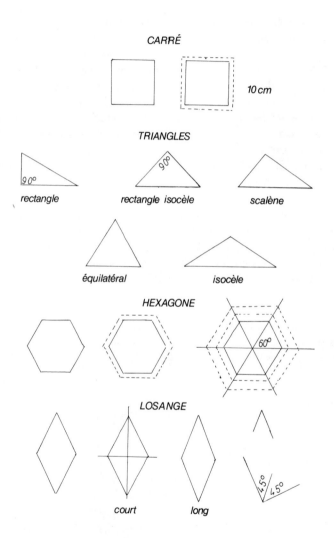

CARRÉ

10 cm

TRIANGLES

rectangle

rectangle isocèle

scalène

équilatéral

isocèle

HEXAGONE

LOSANGE

court

long

Les triangles

1) Le triangle *rectangle* a un angle de 90° ; il est la moitié d'un rectangle ; rarement utilisé.

2) Le triangle *isocèle* a deux côtés égaux ; on l'utilise parfois pour la formation de losanges.

3) 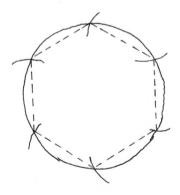 Le triangle *rectangle isocèle*, combinaison des deux précédents, est le plus utilisé des triangles. Il a un angle droit (90°) et deux côtés égaux. C'est la moitié du carré. Il est possible aussi de plier un carré en deux et de laisser les deux épaisseurs, ce qui fait un patchwork plus résistant.

4) Le triangle *scalène* se retrouve plutôt dans l'ouvrage fou ; aucun de ses côtés n'est semblable.

5) Le triangle *équilatéral* a trois côtés égaux ; on l'utilise pour former des pyramides.

L'*hexagone* a six côtés égaux. Pour le réaliser, il faut avoir un rapporteur. Sur une ligne droite, tracer un angle de 60° et un second de 120°, refaire les mêmes tracés sous la ligne. Toutes les lignes (rayons) sont prêtes. Nous pouvons maintenant obtenir n'importe quel hexagone, il s'agit de savoir si nous voulons des côtés de 2, 3 ou 5 cm.

Si on préfère utiliser le compas, tracer un cercle dont le rayon sera de la longueur désirée. Garder le même écartement du compas et répéter six arcs sur la circonférence. Réunir ces sommets. Les côtés sont égaux aux rayons. Les hexagones les plus utilisés ont 3 et 5 cm de côté.

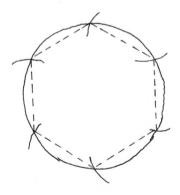

Les losanges

1) Le losange *court* n'est que deux triangles superposés. Il se retrouve dans certaines étoiles comme celle à six branches, et dans le cube (trois losanges).

2) Le losange *long* doit avoir obligatoirement un angle de 45°. Beaucoup plus utilisé que son jumeau, il s'obtient en traçant un angle de 45° (la moitié d'un angle droit). Tous les côtés doivent être égaux et parallèles deux à deux. Décider de la longueur voulue de *ac* ; *ab* doit avoir la même longueur, *bd* doit être parallèle et égal aux autres côtés ; tracer le dernier segment *dc* qui doit être parallèle à *ab* et de même longueur.

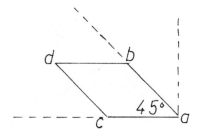

L'étoile à huit branches peut être réalisée à l'aide de huit losanges longs.

PROJET 7   **Carrés**
                  cousus à la machine
                  pour sac

MATÉRIEL REQUIS

Un morceau de tissu uni 122 cm X 132 cm.
Un morceau de plastique 122 cm X 132 cm.
5 étoffes différentes dont quatre imprimées d'environ 40 cm X 60 cm dans lesquelles seront coupées 15 à 16 carrés.
Ouatine polyester.
Bande Velcro.

DIMENSIONS

Sac fini : largeur 50 cm.
              hauteur 40 cm.
              côté 20 cm.
Poignées finies : 60 cm X 5 cm.
Chaque carré : 10 cm X 10 cm.

Sac à couches fait de carrés

Création de l'auteur

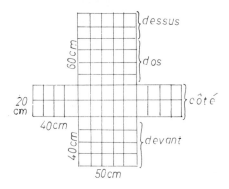

PATRON

Carré de 11 cm^2 comprenant les coutures.

RÉALISATION

La réalisation du sac à couches comporte quatre étapes, dont la première demande plus de temps et de minutie, sans être cependant la plus difficile.
1) Extérieur en carrés du sac.
2) Matelassage.
3) Doublure et plastique.
4) Attaches et finition.

1) Extérieur en carrés du sac

A l'aide de gabarits de 11 cm^2, découper quinze (15) carrés dans quatre (4) tissus imprimés et seize (16) carrés dans un tissu uni (sauf si le
modèle exige une autre composition), pour un total de soixante-sei-
ze carrés. Selon les tissus, on peut aussi bien imaginer un autre agencement (dix-neuf carrés de quatre couleurs, par exemple). Disposer ces
76 carrés selon un modèle rationnel ou fantaisiste. A la page suivante,
vous trouverez quatre exemples de disposition. Imaginez-en d'autres.
Faire un petit schéma si l'espace manque pour étaler tous les carrés à la
fois.

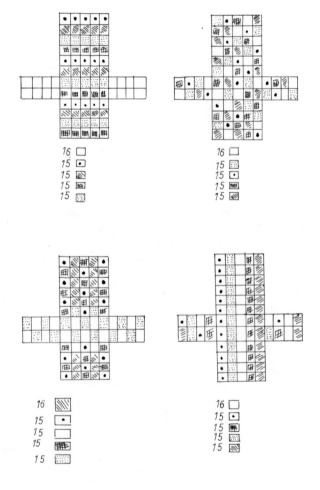

16 ☐
15 ⊡
15 ▨
15 ▦
15 ▨

16 ☐
15 ▨
15 ⊡
15 ▦
15 ▨

16 ▨
15 ⊡
15 ☐
15 ▦
15 ▨

16 ☐
15 ⊡
15 ▦
15 ▨
15 ▨

Coudre les carrés endroit contre endroit ; une couture de 5 mm suffit, à moins que les cotonnades ne soient pas neuves ou s'effilochent facilement ; alors, il faudra prévoir des carrés de 12 cm^2 et faire des coutures de 1 cm. Procéder par colonnes (5 colonnes de 12 carrés), coudre ensuite les deux côtés du sac (4 rangées de 4 carrés).

Coudre finalement les colonnes 1 et 2, 2 et 3, 3 et 4, 4 et 5. Rattacher les côtés a et b, c et d et coudre ces deux côtés aux carrés 7 et 8. Ouvrir toutes les coutures en les repassant.

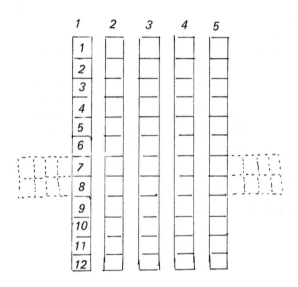

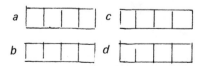

2) Matelassage

Cette opération n'est pas obligatoire mais le sac sera plus solide et plus artisanal. Il n'est pas question ici que le piqué soit recherché ou très décoratif comme pour les courtepointes. De simples lignes parallèles constitueront une bonne initiation au matelassage.

Dans le commerce, deux sortes de ouatine sont offertes, celle de coton et celle de polyester. La ouatine de polyester a surclassé celle de coton puisqu'elle permet un entretien plus facile. Afin de ne pas gaspiller la pièce vendue ordinairement aux dimensions de 182 cm X 254 cm, découper trois pièces plutôt qu'une seule. Une pièce de 120 cm X 150 cm pour le centre, et deux pièces de 40 cm X 20 cm pour les deux côtés du sac. Placer la ouatine sur l'envers du patchwork, en couper un excédent de 2 ou 3 mm, et bâtir. Epingler n'est pas la meilleure façon, étant donné l'épaisseur ; cette méthode entraînerait la formation de plis et, de toute façon, le métal des épingles et le polyester ne s'accordent pas tellement bien ensemble ; à tous les 10 cm, faire des lignes parallèles en suivant les coutures des carrés. C'est une étape facile mais qui doit être respectée afin que la ouatine ne glisse pas au moment du piquage.

A l'aide d'une grande règle ou d'un mètre, tracer à la craie (ou craie tailleur bleue) des DIAGONALES parallèles qui serviront aux coutures finales. La craie disparaît facilement par la suite.

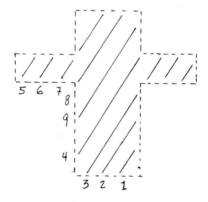

Le fil peut être de couleur contrastante ou assortie. Les coutures doivent être droites et régulières, aussi est-il recommandé de changer de côté : coudre les lignes 1, 2, 3 et 4, retourner l'ouvrage et coudre les lignes 5, 6, 7, 8 et 9. Prendre bien soin de revenir sur les coutures au début et à la fin de chaque ligne. Enlever le bâti et les marques de craie.

Procéder maintenant à la réalisation du sac lui-même. Endroit contre endroit, épingler deux côtés en ajustant les quatre carrés. Faire une double couture de 5 mm (1 cm si on a coupé des carrés de 12 cm^2). Coudre les côtés *a* et *b*, les côtés *c* et *d*.

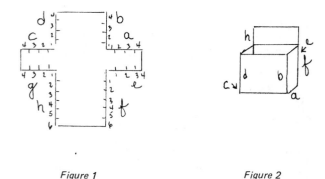

Figure 1   Figure 2

Endroit contre endroit, épingler ensuite les autres côtés (*e* et *f*, *g* et *h*) en laissant dépasser les deux dernières rangées (5 et 6). Faire une double couture de 5 mm, (1 cm si on a coupé des carrés de 12 cm^2). Bien arrêter les coutures, surtout au bas. Autour du sac, coudre un bord de 5 mm. Le sac est maintenant fermé (figure 2). Couper les quatre coins du bas et retourner le sac afin que la ouatine soit à l'intérieur.

3) Doublure et plastique

D'une seule pièce, couper un morceau de cotonnade, de couleur claire de préférence, 122 cm X 132 cm, et recouper en suivant le patron. On peut aussi couper trois morceaux, un de 52 cm X 122 cm et deux de 22 cm X 42 cm, et coudre les deux côtés en les rattachant à la pièce principale à 41 cm du bas.

Procéder de la même façon pour le plastique, quoique les coutures sur le plastique ne soient pas recommandées car le poids du contenu forcera les coutures du fond du sac. Le plastique doit être souple et résistant à la fois. Il se vend souvent à la verge, en largeur de 225 cm, et il est très peu coûteux.

Coudre les côtés de la doublure et du plastique de la même façon que le dessus. (Côté *a* et *b*, *c* et *d*, *e* et *f*, *g* et *h*.) Inutile de retourner l'ouvrage, insérer la doublure et le plastique dans le sac.

4) Attaches et finition

Terminer à la main en retournant les bords du plastique et de la doublure vers l'intérieur du sac en carrés. Coudre à points glissés. On peut même utiliser du fil numéro 10 si le plus fin a tendance à déchirer le plastique. Coudre ainsi tout le haut du sac.

Les attaches sont réalisées à partir d'une colonne de 4 carrés cousus ensemble. Appliquer un morceau de ouatine à l'intérieur de ces carrés. Faire une couture de 5 mm sur trois côtés et retourner. Finir le haut à points glissés. Exécuter la deuxième attache de la même façon. Les fixer de chaque côté du sac et les coudre au point de surjet avec un fil à broder de couleur assortie.

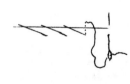

A l'intérieur du dessus et du devant, coudre une bande Velcro ou, pour les expertes, poser une fermeture éclair.

Point de surjet

Pour bien retenir les attaches du sac, le point de surjet doit être cousu très près des bords et de façon régulière. Sortir l'aiguille sur l'attache, piquer en formant une ligne oblique et sortir en ligne droite sur l'attache. Exécuter ainsi des lignes parallèles et de même longueur.

AUTRES CARRÉS

A la page suivante, on peut trouver d'autres façons de disposer des carrés. Plusieurs motifs traditionnels offrent un heureux mélange de carrés et de triangles, telle l'*échelle de Jacob* réalisée sur la base d'un damier de neuf carrés.

Ces modèles, si on les répète, servent surtout à la confection des courtepointes, mais rien n'empêche de les reproduire sur d'autres ouvrages : sac de plage, jupe longue, dos de chemisier, par exemple.

Si on examine plus attentivement les carrés, il est facile de constater que la plupart proviennent de damiers de 4 ou 9 carreaux. La construction d'un patchwork est alors plus compréhensible et plus aisée à suivre. Ces carrés peuvent être redivisés en carrés ou en triangles. D'ailleurs, avant de choisir les tissus et de commencer la confection du patchwork, il est fortement recommandé de dessiner le modèle sur une feuille de papier. Le calcul du nombre de carrés ou de triangles, la variété dans les textures serviront largement au moment de l'exécution, dont la vitesse et la précision seront accrues.

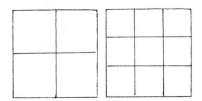

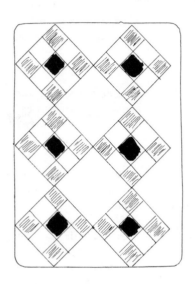

palissade

le victorien

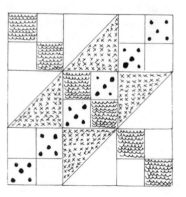

échelle de Jacob
(carrés et triangles)

pied de crucifix

PROJET 8   Les triangles

Choisir un des motifs inspirés des traditions américaine et canadienne, calculer le nombre de triangles requis pour chacune des étoffes. Employer des gabarits (voir début de cette deuxième partie) et les placer sur les tissus choisis en suivant le droit fil selon le motif choisi. Tracer une ligne à l'aide d'une craie tailleur et couper.

DROIT FIL

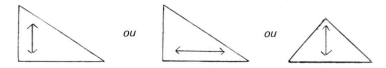

Les rentrés

Pour les angles droits, plier un côté vers l'intérieur, repasser, plier l'autre côté en prenant soin que rien ne dépasse sur l'endroit, couper les fils, repasser de nouveau.

Pour les angles aigus, plier d'abord une pointe ; plier un côté, repasser et plier l'autre côté. Si la pointe forme un plat, c'est que la pointe n'était pas assez pliée.

Assemblage

Les rentrés sont nécessaires si les triangles sont assemblés à la main au point de surjet,

ou au point zigzag à la machine,

ou à points invisibles sur une autre surface,

sinon, employer de simples coutures droites à la machine pour assembler les triangles (les *pyramides*, le *troupeau*, le *casse-tête* et même le *carré ailé*). Tout dépend de la grandeur des triangles. Quand les triangles ont plus de 5 cm de côté, on peut choisir d'assembler à la machine. L'importance et la qualité du travail que l'on veut apporter à la pièce comptent pour beaucoup dans le choix de la technique.

Les coutures supérieures à 1 cm doivent être ouvertes et repassées. Toutes les piqûres extérieures doivent être pressées pour donner un bel effet à l'ouvrage, sinon les faux plis apparaîtront rapidement à l'étape du matelassage.

Les motifs

Quelques motifs sont représentés à la page suivante : tous à base de triangles, mais le carré est souvent présent. Cyril Simard, dans *Artisanat québécois,*[*] en propose d'autres. Les noms varient parfois d'une région à une autre, mais le motif reste le même. A chacun de varier les textures et les couleurs, pourvu que le dessin soit identifiable, et pour cela, contraster l'uni et l'imprimé, le clair et le foncé.

* *Voir bibliographie.*

TROUPEAU D'OIES

PYRAMIDES

CASSE-TÊTE HOLLANDAIS

CARRÉ AILÉ

FEUILLE D'ÉRABLE

MOUCHE OU PIROUETTE

GRAND PAVÉ

ARBRE DE VIE

PROJET 9   Les hexagones

Pour les triangles, il était aisé d'exécuter des rentrés égaux. Pour ce qui est des hexagones (ou de toute autre forme géométrique quand on débute), il est préférable de posséder deux gabarits : un de la taille finale de l'hexagone, et un plus grand de 6 mm, correspondant au rentré. Tous les hexagones seront alors identiques. Voir au début de cette deuxième partie comment réaliser le gabarit de l'hexagone.

Couper à l'aide du plus grand gabarit le nombre de morceaux nécessaires à un motif. Deux côtés doivent être coupés dans le droit fil du tissu choisi. Commencer par les tissus unis, et ensuite, jouer avec les tissus imprimés : petites fleurs, pois. Dans les rayés ou à carreaux, on pourra varier en changeant le sens des lignes pourvu que l'on ait toujours deux côtés sur le droit fil.

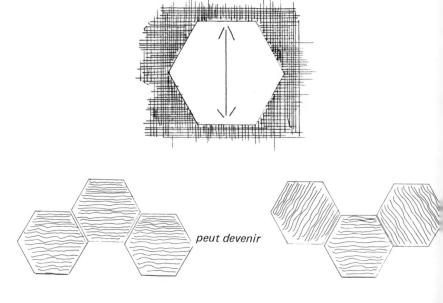

peut devenir

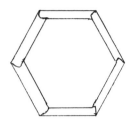

Une fois tous les hexagones prêts, utiliser les gabarits plus petits pour faire des rentrés. Epingler le carton mince sur l'envers du tissu et replier l'excédent (6 mm) sur le carton, repasser. Bien plier les six coins en orientant chacun d'eux dans la même direction. Faufiler ou épingler les six coins. Enlever le carton et répéter sur les autres hexagones.

Assemblage

1) *A la main* : disposer les hexagones selon le modèle choisi et prendre deux hexagones à la fois. Les placer endroit contre endroit et coudre au point de surjet comme pour les triangles. Faire de bons points d'arrêt au début et à la fin de chaque côté.

Suivre un certain ordre, comme, par exemple, coudre en colonnes de haut en bas : 1-2, 3-4-5, puis réunir les hexagones de gauche à droite : 0-1, 0-2, 1-3, 1-4, 2-4, 2-5, etc.

Une autre variation, qui ne concerne pas tellement l'assemblage ou la couture, mais surtout la disposition finale et donc l'ordre des coutures : au lieu de placer les côtés parallèles au sol, diriger une pointe vers le sol.

2) *A la machine* : pour les petits hexagones, il est superflu de coudre à la machine des côtés de moins de 5 cm. Toutefois, cela peut devenir avantageux quand les côtés mesurent plus de 5 cm, surtout si vous assemblez un bon nombre d'hexagones. Les rentrés ne sont alors pas nécessaires, mais les coutures devront être très droites et régulières afin que les hexagones s'emboîtent facilement. Procéder selon la même méthode des colonnes, et de gauche à droite.

Les coutures doivent être faites au point droit assez serré, pour qu'une fois retournés, les hexagones soient bien rattachés. Endroit contre endroit, épingler deux côtés d'hexagones, coudre en exécutant un retour au début et à la fin de chaque côté. Ouvrir les coutures et repasser.

Si les coutures sont faites à la machine, il est important de choisir des tissus d'une épaisseur assez semblable, afin que l'ouvrage soit régulier et les hexagones égaux. Dans le cas des coutures à la main, ce détail importe moins, quoique pour réussir un patchwork, il soit toujours recommandé d'utiliser des étoffes de même résistance.

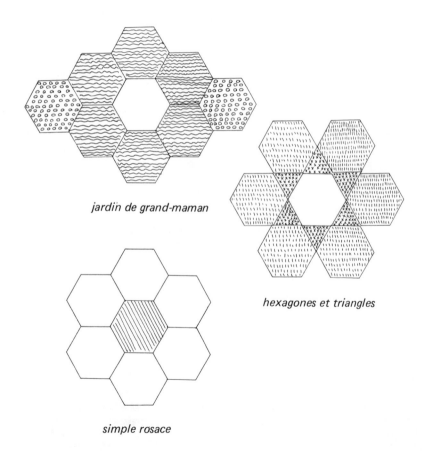

jardin de grand-maman

hexagones et triangles

simple rosace

Les motifs

Les plus connus sont les rosaces simples et doubles, mais le *jardin de grand-maman* (parfois appelé *bouquet de grand-mère*) est le plus traditionnel. On peut varier les textures ou le nombre d'hexagones, tout dépendant du projet que l'on veut réaliser. Ainsi, en introduisant des triangles, une étoile est formée à l'intérieur de six hexagones ; ceux-ci semblent, par le fait même, allongés, et l'effet en est différent. Imaginer vos propres modèles en jouant avec les couleurs ou le nombre d'hexagones.

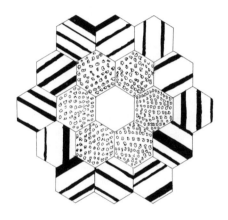

double rosace

PROJET 10   Les losanges

Le losange donne un effet plus moderne que l'hexagone ou le carré, mais pour qui aime les étoiles, c'est la forme la mieux appropriée à leur réalisation.

Reproduire sur papier le modèle désiré, ne serait-ce que pour voir le degré de difficulté du motif choisi.

Choix des tissus

Le choix des tissus est très important, afin d'obtenir tout l'effet visuel du motif. Les cubes peuvent devenir une étoile à six branches si on n'y prend garde. Dans une *étoile de Bethléem*, les losanges peuvent ressortir plus ou moins selon les tissus et ne pas mettre en évidence le soleil qui s'y trouve pourtant. Dans la *colombe à la fenêtre*, motif pour les expertes, l'équilibre entre les grands losanges unis et les petits losanges imprimés est très important pour faire ressortir le côté spectaculaire de la figure. Bien choisir les couleurs, les textures, faire plusieurs essais avant de commencer à coudre. Les couleurs vives, les rayés font plus moderne ; les fleuris et les pastels, plus vieux.

Préparation

Utiliser des gabarits en carton, ou ceux que l'on vend dans le commerce et qui permettent en une fois de tracer la ligne extérieure (celle qui comprend les rentrés de 6 mm) et la ligne intérieure (celle des dimensions finales). Ces derniers ont un désavantage, celui de ne pouvoir s'en servir pour plier les rentrés et les repasser, de sorte qu'il faut quand même tailler dans du carton (ceux du commerce sont en plastique) des gabarits que l'on pose à l'intérieur du tissu. Déterminer s'il faut des losanges longs ou courts.

Découper le nombre de losanges requis en suivant le droit fil. Peu importe lequel vous choisissez, mais conservez le même durant tout le travail. Pour les imprimés, surtout à rayures, vérifier son dessin sur papier afin de couper le tissu dans le bon sens. Tracer une ligne à l'aide d'une craie tailleur et couper.

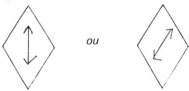

Les coins des losanges se plient de la même façon que ceux des triangles, du moins pour les angles aigus. Quant aux angles obtus, le tissu ne dépassera pas, une pliure sur l'autre suffit. Repasser les rentrés et enlever le carton.

aigu   *obtus*

Assemblage

A la main, juxtaposer deux côtés des losanges endroit contre endroit et coudre à petits points de surjet en commençant à la pointe et en descendant vers le centre. Prendre bien soin que les pointes orientées vers le milieu de l'étoile demeurent bien pointues. Chacun des losanges doit bien entrer dans deux autres. Les débutants auraient avantage à commencer par de petites étoiles dont les côtés excèdent 5 cm.

A cause de la forme du losange, il est risqué de coudre à la machine, les pointes dépassant facilement. A la main, les coutures dans le biais se contrôlent mieux.

Pour les grandes étoiles, réaliser chacune des pointes séparément en cousant très régulièrement des bandes de losanges, endroit contre endroit.

Une pointe est formée (l'une des huit branches) ; procéder de la même façon pour les sept autres branches. Les joindre ensemble sur un tissu de fond en piquant tout le contour ou chacun des losanges.

étoile à 6 branches

étoile à 8 branches

colombe
à la fenêtre

cubes

étoile à 4 branches

étoile de bethléem

LOSANGES ÉTOILE

PROJET 11   L'étoile à 8 branches

"Au siècle dernier, le textile du comté de Charlevoix fait de l'étoile à 8 branches un thème décoratif qui devient presque l'emblème du pays des gourganes."

Michel Lessard et Huguette Marquis s'expriment ainsi dans *L'Art traditionnel au Québec* et les pages 360 à 365 nous donnent une idée des étoiles à 8 branches qui ont pu exister dans notre province.

A la page suivante, huit variations de l'étoile à huit branches nous apprennent les riches possibilités qu'elle recèle. L'originalité est donc permise même dans la reproduction.

Les formes géométriques les plus employées sont le carré et le triangle, mais en variant les étoffes et les couleurs, il est possible d'obtenir encore d'autres effets visuels. Une certaine harmonie et une dose de sobriété offriront pourtant une qualité digne de celle de nos ancêtres.

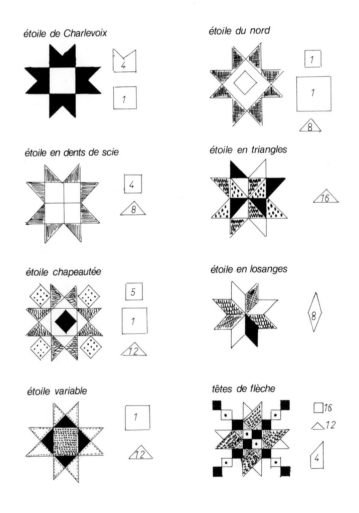

étoile de Charlevoix

étoile du nord

étoile en dents de scie

étoile en triangles

étoile chapeautée

étoile en losanges

étoile variable

têtes de flèche

ÉTOILE A 8 BRANCHES

Préparation et assemblage

A l'aide de gabarits de carton, découper le nombre de pièces requises pour l'étoile de votre choix. Respecter le droit fil du tissu.

Faire des rentrés selon les méthodes indiquées dans les projets précédents. Coudre les morceaux en commençant par le centre et en réalisant une pointe à la fois.

Lorsque l'étoile est formée, la coudre sur un carré de tissu de fond qui sera ensuite réuni à d'autres carrés, ou la coudre sur une seule grande pièce de tissu. En procédant par carrés (voir couverture dessinée à partir de l'*étoile de Charlevoix*), on évite les problèmes de calcul : les distances horizontales, verticales et diagonales entre chaque étoile sont résolues puisqu'on juxtapose un carré à un côté de l'autre. Veiller à laisser un espace pour une couture de 1 cm autour de chaque carré, pour que l'étoile reste intacte au moment des grandes coutures.

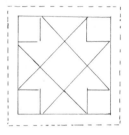

PROJET 12   **Pointes folles ou ouvrage fou**

Pratiqué depuis le XVIIe siècle mais surtout au début du XIXe siècle, l'ouvrage fou était une question d'économie. En utilisant tous les vieux lainages et vêtements et en découpant les formes selon le plaisir du moment, on créait des pointes folles chaudes et originales. Plus tard, on y apporta recherche dans le choix des tissus et fantaisie — parfois même décoration sophistiquée — dans les points de broderie. Aujourd'hui, la préférence va à la simplicité et à l'entretien facile. En général, le coton s'emploie bien, mais on voit encore le satin et le velours côtoyer la soie. Et si maintenant on se limite au tissu à la verge, il fut un temps où rubans, paillettes et galons égayaient l'ouvrage. L'ouvrage fou réalisé à partir de carrés est beaucoup plus traditionnel, mais rien n'empêche que les pointes folles soient réunies en grandes pièces.

MATÉRIEL REQUIS

Des imprimés, des tissus unis ; tout vêtement peut servir mais il est recommandé de tailler dans du neuf si on désire surtout la solidité.
Coton blanc ou naturel pour le fond.
Fil à broder de couleur vive.

DIMENSIONS

Un carré : minimum 20 cm^2, maximum 30 cm^2.
Prévoir 1 cm tout autour pour les coutures.

PATRON

Dans le cas des pointes folles identiques, ce qui fait moins fantaisiste, on peut découper des gabarits et reprendre le même modèle pour chaque carré. L'ouvrage sera régulier, mais il aura demandé moins d'imagination et ce n'est pas le propre des pointes folles.

Y aller carrément selon les chutes de tissu dont nous disposons et suivre notre inspiration. La seule chose à respecter : la formation des carrés que l'on assemblera par la suite.

RÉALISATION

Le tissu de fond ainsi que chacun des morceaux doivent être bien lisses afin que l'ouvrage ait une meilleure apparence. L'agencement des pièces ne doit suivre aucun plan préétabli, mais il convient de répartir les dimensions des morceaux et d'harmoniser les teintes. Si les pointes folles servent à la fabrication d'une housse de raquette de tennis, par exemple, les morceaux peuvent être plus petits. Si, par contre, on songe à une murale de 200 cm et plus, chaque carré peut contenir deux ou trois pointes folles seulement. Varier aussi les imprimés et les unis. Pour assurer une certaine harmonie — sans qu'elle démontre une étude rationnelle puisque l'objectif est de révéler la fantaisie —, essayer diffé-

rentes dispositions d'une vingtaine de morceaux avant de les fixer défi-
nitivement.

Sur le carré du fond, agencer les premiers morceaux en laissant nus les
bords inférieurs puisque la deuxième pièce chevauchera la première par
un rentré de 6 ou 7 mm. Faufiler en piquant aussi le tissu de fond. On
peut également épingler mais, les morceaux étant souvent petits, les
épingles nuisent au travail. Continuer à juxtaposer les pièces de façon à
ce que celle qui chevauche par un rentré au bord supérieur passe sur le
bord nu de l'autre pièce, autant à gauche qu'à droite.

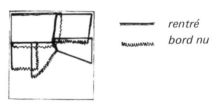

rentré

bord nu

Réaliser ainsi le nombre de carrés requis pour l'ouvrage désiré. La page
suivante donne un exemple de vingt carrés de pointes folles qui peuvent
servir de couvre-lit. Chaque carré est cousu à un autre et la broderie ca-
che souvent les coutures.

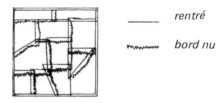

rentré

bord nu

Broderie

La broderie est essentielle à l'ouvrage fou pour en assurer l'authenticité ;
elle permet aussi une certaine solidité. Choisir du fil d'une couleur assez vive, qui s'harmonise avec l'ouvrage : en général jaune clair, vert
pomme, ou même rouge.

On retrouve souvent chez nos ancêtres le point de chenêt que certains
nomment point d'épine, mais le point de croix, le demi-soleil, le point
de chausson, la patte d'ours, le point de feston sont aussi employés. Il
n'est pas nécessaire d'alourdir ou de surcharger l'ouvrage en utilisant
plusieurs points. Respecter une certaine unité.

POINTES FOLLES OU OUVRAGE FOU

Point de chenêt ou d'épine

Commencer par le haut. Piquer sur le tissu de droite, passer le fil sous l'aiguille, ramener l'aiguille au milieu des deux pièces, piquer sur le tissu de gauche, passer le fil sous l'aiguille, ramener l'aiguille au milieu. Alterner ainsi les points de gauche à droite.

Point de croix

Sortir l'aiguille en haut à gauche, piquer en bas à droite, ressortir l'aiguille bien vis-à-vis, à droite en bas, croiser en piquant en haut, à droite, ressortir à 1 ou 2 mm, en haut, à gauche de la deuxième croix. Pour réaliser ce point, on travaille horizontalement, alors que le point de chenêt s'exécute verticalement.

Point de chausson (variante du point de croix)

Sortir l'aiguille en haut, à gauche, piquer à droite en bas et glisser à peine à gauche, croiser sur le premier fil et piquer en haut à droite, revenir à gauche, juste à côté, et recommencer un second point.

Demi-soleil

Faire une ligne imaginaire (ou à la craie tailleur) sur le tissu du bas et façonner les rayons sur le tissu du haut. Piquer l'aiguille de gauche à droite, ressortir au milieu de la ligne, piquer tout droit vers le haut, revenir au milieu de la première ligne et exécuter encore de deux à quatre rayons de chaque côté.

Patte d'ours

Par de petits points droits avant, exécuter des demi-cercles de chaque côté des tissus.

Point de feston

Sortir l'aiguille en bas à gauche, piquer en haut à droite et faire ressortir l'aiguille tout droit en bas pour former un angle droit, mais veiller à ce que le fil glisse sous l'aiguille. Repiquer en haut à droite et redescendre tout droit, le fil toujours sous l'aiguille, continuer ainsi de gauche à droite.

PROJET 13   La cabane de bois

Cette façon d'agencer des chutes de tissu date de la seconde moitié du XIXe siècle. Tout comme les pointes folles, chaque carré est cousu sur un fond, ce qui donne une épaisseur et une résistance plus valables que les simples patchworks à base de formes géométriques assemblées.

MATÉRIEL REQUIS

Neuf tissus de couleurs différentes mais de textures semblables. On peut utiliser de petits imprimés. Le vrai motif traditionnel demande une couleur vive pour le carré central, qui représente le feu, quatre couleurs claires et quatre foncées identifiant la lumière et l'ombre. Une cotonnade pâle pour le fond (autant de carrés de 20 cm X 20 cm qu'il y aura de cabanes).

DIMENSIONS

Chaque carré terminé mesure 20 cm X 20 cm.
Le milieu de la cabane : 4 cm X 4 cm.
Les bandes (voir identification à la page suivante) :

numéro		
2 : 4 cm X 2 cm	couleur claire
3 : 6 cm X 2 cm	couleur claire
4 : 6 cm X 2 cm	couleur foncée
5 : 8 cm X 2 cm	couleur foncée
6 : 8 cm X 2 cm	couleur claire
7 : 10 cm X 2 cm	couleur claire
8 : 10 cm X 2 cm	couleur foncée
9 : 12 cm X 2 cm	couleur foncée
10 : 12 cm X 2 cm	couleur claire
11 : 14 cm X 2 cm	couleur claire
12 : 14 cm X 2 cm	couleur foncée
13 : 16 cm X 2 cm	couleur foncée
14 : 16 cm X 2 cm	couleur claire
15 : 18 cm X 2 cm	couleur claire
16 : 18 cm X 2 cm	couleur foncée
17 : 20 cm X 2 cm	couleur foncée

Toutes ces mesures sont pour UNE cabane.

PATRON

Couper des gabarits comprenant les coutures. (Les coutures de 5 mm étant plus faciles à calculer que celles de 6 mm, nous avons ajouté 5 mm aux mesures données ci-haut. Apporter plus de soin lors de coutures. Les piqûres de 1 cm seraient certes plus sûres, mais les nombreuses épaisseurs nuiraient à la qualité de l'ouvrage.)

- 1 carré de 5 cm X 5 cm
- 1 bande de 5 cm X 3 cm
- 2 bandes de 7 cm X 3 cm
- 2 bandes de 9 cm X 3 cm
- 2 bandes de 11 cm X 3 cm
- 2 bandes de 13 cm X 3 cm
- 2 bandes de 15 cm X 3 cm
- 2 bandes de 17 cm X 3 cm
- 2 bandes de 19 cm X 3 cm
- 1 bande de 21 cm X 3 cm

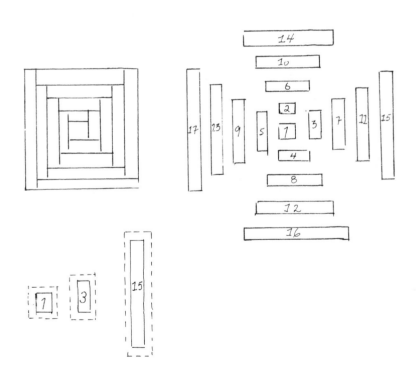

RÉALISATION

Préparation

Une fois que le patron est bien compris, sa réalisation est simple. Il est donc recommandé de s'exercer au moins une fois à dessiner la cabane pour comprendre comment chaque bande est disposée par rapport au centre.

Découper dans un carton mince les 10 morceaux nécessaires à la réalisation de la cabane de bois, à savoir ceux qui comprennent les coutures. Les experts pourraient se passer de gabarits, mais l'aide des patrons offre la certitude de bandes bien égales et de cabanes identiques sans avoir à reprendre les mesures chaque fois.

Epingler ou tracer à la craie tailleur, alternant les couleurs foncées et claires en se référant au tableau donné dans les DIMENSIONS. Chaque cabane comporte 1 carré et 17 bandes.

Couture

Il n'est pas nécessaire de retourner les 5 mm prévus pour les bords puisque trois côtés peuvent rester nus et que le quatrième côté sert à la couture (figure 1). Les bandes chevauchent les unes sur les autres.

Figure 1

Le travail peut se faire à la main, mais l'utilisation de la machine à coudre permet une précision et une économie de temps appréciables.

Sur le carré du fond, tracer à la craie quatre lignes dont deux perpendiculaires en leur centre (figure 2) et deux diagonales (figure 3).

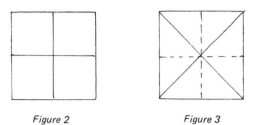

Figure 2   Figure 3

Coudre le carré de couleur vive au milieu (figure 4). (Inutile de rentrer les 5 mm, les autres bandes chevauchant tout le carré.) Epingler la première bande sur le haut du carré, endroit contre endroit, en laissant dépasser les 5 mm de chaque côté. Coudre à 5 mm du bord, retourner et repasser (figure 5). Epingler la deuxième bande sur la droite du carré central en laissant dépasser 5 mm en haut de la première bande. Coudre à 5 mm du bord, retourner et repasser (figure 6).

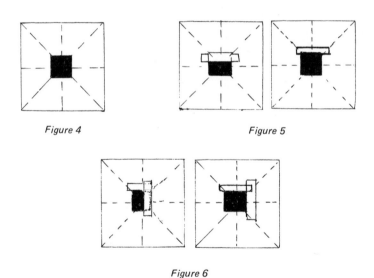

Figure 4   Figure 5

Figure 6

Procéder de la même façon pour les troisième et quatrième bandes (numéros 4 et 5). Le carré aura diminué de 5 mm sur tous les côtés et le premier carré sera ainsi complété (figure 7). C'est de ce nouveau carré que partiront les bandes 6, 7, 8 et 9. Poursuivre jusqu'à ce que tout le carré du fond soit caché (figure 8). Toujours alterner couleurs claires et foncées. Lorsque plusieurs cabanes sont terminées, les assembler par une couture de 5 mm. Ainsi, quatre cabanes peuvent couvrir un coussin (figure 9) et une vingtaine de cabanes formeront une couverture (voir page suivante).

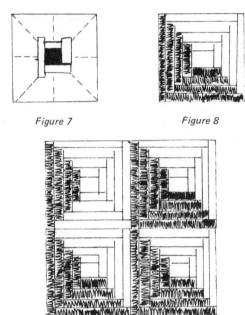

Figure 7   *Figure 8*

Figure 9

Variantes

En jouant avec les couleurs ou en assemblant les cabanes de façons différentes, on obtient quelques variantes.

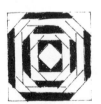
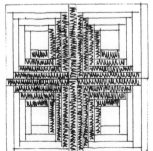

CABANE DE BOIS ROND

PROJET 14   Cape en patchwork

MATÉRIEL REQUIS

Un patron commercial d'une cape à sa grandeur.
Trois manteaux usagés en lainage dans les mêmes teintes ou trois pièces de 1 m² de tissu neuf.

PATRON

Celui du patron commercial en deux grandes pièces : dos et devant.

RÉALISATION

Préparation

Préparer toutes les pièces en décousant les manteaux : manches, dos, devants. Garder les meilleures parties mais bien examiner les coudes et le bas du dos.

 Il est très important de respecter le sens du tissu et de le faire correspondre avec le droit fil indiqué par la flèche du patron commercial. Les morceaux peuvent ainsi être coupés horizontalement ou verticalement, mais jamais dans le biais. Eviter de couper des pièces de plus de quatre côtés, les coutures en seront facilitées d'autant.

mal    *bien*   *ou bien*

Cape en patchwork

Manon porte une cape en patchwork provenant de la collection de l'auteur.

S'installer sur une grande surface, étendre le devant du patron commercial et commencer à couper grossièrement les morceaux des manteaux en utilisant la méthode des pointes folles. Veiller à ce que chaque morceau chevauche le précédent d'environ 1,5 cm, partie qui servira à la couture, et laisser dépasser 1,5 cm et plus de chaque côté.

Prévoir une seule pièce de tissu sans couture aux endroits indiqués pour laisser passer les ouvertures des bras, puisqu'il faudra y coudre une autre pièce.

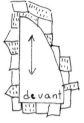

Quand tous les morceaux sont placés, les épingler. Les faufiler ne servirait à rien puisqu'ils doivent être cousus endroit contre endroit.

Procéder de la même façon pour le second devant, mais en n'oubliant pas de retourner le patron de sorte qu'on ait un côté *droit* et un côté *gauche*. Les morceaux les plus usés peuvent être placés dans le dos et les meilleurs dans le bas du dos.

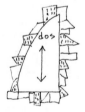 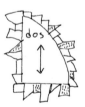

Répéter pour le dos. Terminer par la coupe du collet ou du capuchon et par les parementures des ouvertures. Ne pas tailler avant d'avoir cousu toutes les pièces du patchwork.

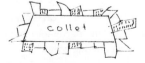 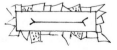

Couture et coupe

Commencer par le haut en prenant deux pièces à la fois. Coudre les lignes horizontales d'abord et les lignes verticales ensuite. Chacune des pièces doit bien "tomber". Les coutures étant de 1,5 cm, couper l'excédent si cela n'a pas été fait lors de la première étape. Coudre deux fois dans les pointes et amincir.

Quand toutes les pièces du casse-tête sont mises en place sur les deux devants et les deux parties du dos, ouvrir et repasser les coutures. Bien presser avant de tailler. Replacer les pièces du patron, épingler et tailler sur la ligne de coupe. Ne pas oublier les crans. Coudre les ouvertures pour les bras, le collet ou le capuchon en suivant les indications du patron commercial.

Tailler la doublure à partir du patron commercial et la coudre sur l'envers de la cape. Procéder à la finition des bords et presser de nouveau.

PROJET 15   **Laine et patchwork**

Même si la technique du patchwork est généralement employée avec les tissus, elle permet de très belles créations avec de la laine. La base de cette technique étant toujours d'utiliser des restes ou des chutes d'étoffe, de la même façon, les chutes de laine serviront à diverses réalisations. La plus connue est sans doute celle qui consiste à réunir plusieurs carrés tricotés au crochet afin de confectionner un coussin ou un couvre-lit. Nous proposons aussi un châle tricoté aux aiguilles.

CARRÉS AU CROCHET

MATÉRIEL REQUIS

Des restes de laine de trois ou quatre couleurs différentes (tout dépend de la grandeur désirée).
Crochet numéro 3,5 mm.

DIMENSIONS

15 cm^2.

RÉALISATION

(Ce livre ne traitant pas de la technique du crochet, nous présupposons que les mots suivants sont connus : maille en l'air, chaînette, bride et maille coulée.)
Avec la couleur A : chaînette de 5 mailles en l'air, fermer par une maille coulée.
Deux mailles en l'air pour commencer le rang suivant.

Deuxième rang : Une bride (la première étant tricotée par les deux mailles en l'air) dans le cercle, deux mailles en l'air ; deux brides, deux mailles en l'air ; deux brides, deux mailles en l'air ; fermer par une maille coulée sur la première bride. Une maille serrée pour se rendre à l'arceau.
Troisième rang : Deux mailles en l'air pour commencer ce rang. Une bride sous l'arceau, deux mailles en l'air, deux autres brides dans le même arceau ; deux mailles en l'air, deux brides, deux mailles en l'air et deux brides dans l'arceau suivant. Répéter encore deux fois. Terminer par deux mailles en l'air et deux mailles serrées sur les premières brides. Avec la couleur B, commencer le quatrième rang par deux mailles en l'air.
Quatrième rang : Une bride, deux mailles en l'air et deux brides sous le même arceau. Deux mailles en l'air, deux brides sous l'arceau suivant et deux mailles en l'air. Continuer en tricotant toujours deux groupes de

deux brides espacées de deux mailles en l'air dans les coins et deux brides dans les autres arceaux jusqu'à la fin du rang.

Deux rangs de la couleur C et deux rangs de la couleur D (ou reprendre la couleur B).

Le premier carré est formé. En tricoter autant que nécessaire. On peut réaliser un châle, un coussin, une murale, une tuque, une jupe, un débardeur pour enfants, etc.

CHÂLE AUX AIGUILLES

MATÉRIEL REQUIS

Des chutes de laine de 2 à 3 onces en 5 ou 6 couleurs différentes.
Aiguilles à tricoter numéro 4 ou 5 mm (selon la tension).

DIMENSIONS

160 cm au plus long.
80 cm de hauteur plus les franges.

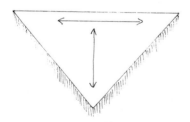
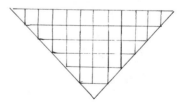

PATRON

30 carrés de 15 cm X 15 cm.
11 triangles, dont 10 de 21 cm de base et 7,5 cm de hauteur et 1 de 43 cm de base et 15 cm de hauteur.

Carrés au crochet

Travail de Michelle Deguire

Châle fait de carrés et triangles

Collection de l'auteur

RÉALISATION

(Ce livre ne traitant pas de la technique du tricot, nous présupposons que les points suivants sont connus : point jersey, point mousse.)

Pour un carré

Dépendant de la tension et du numéro des aiguilles, monter le nombre de mailles requis et tricoter autant de rangs qu'il faudra pour former un carré de 15 cm^2 au point jersey et 15 carrés au point mousse. Varier les couleurs et les modèles (rayés, à carreaux, utilisation d'autres points, etc.).

Pour un triangle

Monter le même nombre de mailles que le carré (15 cm) et diminuer de deux mailles (une maille au début et à la fin du rang) à tous les deux rangs pour obtenir la moitié de la hauteur du carré (7,5).

Montage

Agencer les 30 carrés et les 10 triangles de manière à ce que les couleurs et les modèles soient bien disposés. Tricoter le dernier triangle du bas en montant deux fois plus de mailles que pour les 10 autres et en terminant à 15 cm de hauteur. Couper une frange de toutes couleurs et de la longueur désirée, et ajouter au châle.

SUGGESTIONS pour patchwork

Jouets pour enfants : animaux, poupées, enveloppe de pyjama.

Poupées au tricot à rembourrer.

Couvre-lit ou murale faits de carrés au crochet.

Sac à main, sac de plage.

Carpette.

Vêtements (à l'aide d'un patron commercial).

Chaussettes de laine.

Housse de raquette de badminton ou de tennis.

Housse de grille-pain.

Coussins pour chaises de salle à manger ou cuisine.

Rideaux.

Décoration dans une camionnette.

III

COUVRE-LITS

A partir du patchwork et de l'appliqué, plusieurs créateurs innovent, mais les plus grandes et les plus spectaculaires réalisations demeurent encore les couvre-lits.

Dans le domaine des couvre-lits, il faut distinguer l'EDREDON de la COURTEPOINTE. Le mot "édredon" provient de l'islandais : *aedardun*, qui signifie "duvet d'eider". Aujourd'hui, l'édredon peut être rempli de duvet d'oie. On caractérise l'édredon américain par la formation "de tissus superposés cloisonnés par des piquages pour lesquels on recherche un effet décoratif et entre lesquels on place une couche de duvet". L'édredon date du XVIIIe siècle. Le mot "douillette", quelquefois employé, ne s'applique pas à cet objet, et l'anglicisme "confortable" est évidemment à proscrire.

L'édredon est plus épais, plus volumineux que la courtepointe, mais l'emploi de la machine à coudre — quoique difficile — est permis, tandis que l'authenticité de la courtepointe exige le long travail de piquage à la main.

Le vocable "courtepointe" ne dépasse pas les frontières de l'Amérique du Nord (quoique le *Larousse* contemporain le mentionne dans son édition de 1966, et Dominique et Emmanuel Chauche en parlent dans leur petit livre *Le Patchwork* édité chez Solar en 1978), mais il a son plein sens puisqu'il tire son origine de "pointes courtes". L'anglais traduit *quilt* par "couverture piquée" et parfois "édredon américain". Nous associons le patchwork à la courtepointe tandis que l'appliqué se rapporte plutôt à l'édredon. En effet, ce dernier se compose souvent de carrés ou de bandes, mais ces pièces ne sont jamais minuscules. Nous laisserons aux Américains le soin de nuancer leurs *quilt* et *crazy-quilt*, *patchwork* et *piecework*, et nous simplifierons en divisant cette partie en trois chapitres :
1) Couvre-lit à la machine.
2) Couvre-lit au tricot aux aiguilles.
3) Couvre-lit à la main : la courtepointe.

PROJET 16   Couvre-lit à la machine

MATÉRIEL REQUIS

Le dessus : coton polyester de 90 cm de largeur (deux lisières de 125 cm).
Le tissu de fond pour les rectangles de poupées (500 cm^2 si on prend une seule couleur).
Le dessous : un drap blanc ou du coton.
Vingt-cinq poupées selon le projet 6.
Métier à piquer.
Deux ou trois ouatines de polyester.

DIMENSIONS

Poupées : 20 cm X 25 cm.
Couvre-lit : 180 cm X 250 cm.

PATRON

Voir projet 6 ou en imaginer d'autres.

RÉALISATION

Disposition

Poupées appliquées : préparer 25 poupées. Certaines dispositions en re-quièrent 24. Voici quelques agencements possibles. Varier selon les couleurs des poupées. Varier aussi selon le tissu de fond des rectangles.

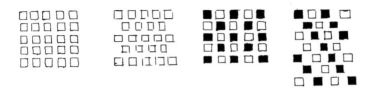

Couvre-lit à la machine

Collection de l'auteur

Préparation

Utiliser deux cartons : le premier de 22 cm X 27 cm pour couper les rectangles servant au tissu de fond, et un second de 20 cm X 25 cm qui nous assurera, en repliant les bords au fer chaud, que tous les rectangles auront la même dimension finale.

Couper 25 rectangles de tissu (on peut alterner entre le blanc et le bleu pâle). Coudre au point zigzag les 25 poupées en suivant le modèle du projet 6. Se servir du second carton (20 cm X 25 cm) en le plaçant sur l'envers des rectangles et en repassant les bords vers l'intérieur. Que les coins soient propres et amincis.

Utiliser un METIER acheté dans le commerce ou fait à la maison.

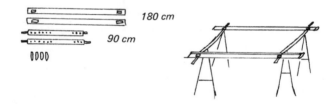

Deux morceaux de bois "femelles".
Deux plus petits "mâles".
Quatre goujons ou clous.

Installer ce métier sur deux chevalets ou sur des chaises. Pour les débutantes, le travail sur métier est préférable car il garantit une tension régulière et évite les faux plis. C'est une bonne initiation qui servira à la réalisation des courtepointes.

Bien étaler le bord du *dessous* du couvre-lit sur la partie longue du métier. Enfoncer de petits clous à tête d'environ 1 cm, à tous les 5 ou 10 cm. Installer les deux ou trois épaisseurs de ouatine et recouvrir du *dessus*. Enfoncer une autre série de petits clous entre les premiers. NE PAS FIXER LA PARTIE DU BAS. L'enrouler autour du second morceau de bois. Pour cette étape, il est préférable de demander l'aide d'une ou deux personnes afin que les tissus soient bien tendus et que le couvre-lit ne comporte aucun faux pli.

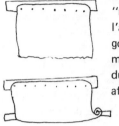

Veiller à ce que rien n'entrave la pose des traverses "mâles" de chaque côté. Les placer l'une après l'autre et fixer à la même tension en utilisant des goujons ou des gros clous qui retiennent les autres morceaux de bois. La couverture devant être tendue au maximum, on peut ajouter de petits objets afin d'étirer davantage les barres transversales.

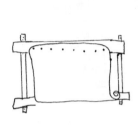

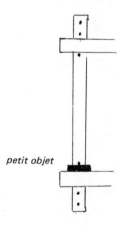

petit objet

Faufilage

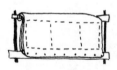

Une fois la couverture bien tendue, faufiler les trois épaisseurs près des bords et à chaque tiers de la largeur. Disposer les premières poupées en suivant la disposition choisie. Cette étape n'est pas difficile mais il s'agit de bien calculer. Selon l'agencement prévu, mesurer souvent les distances horizontales et verticales entre chaque rectangle de poupée. Par exemple, 12 cm entre chaque colonne et 20 cm entre chaque rangée. Disposer les poupées selon ces calculs et faufiler les quatre épaisseurs (rectangle, dessus, ouatine et dessous). Suivre l'ordre indiqué ci-contre.

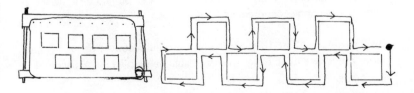

Dérouler la couverture et l'enrouler vers le haut jusqu'à l'obtention d'une nouvelle surface de travail d'environ 60 cm. Ne pas cacher la dernière colonne de poupées afin de pouvoir mesurer les distances.

Faufiler la nouvelle partie et appliquer une dizaine d'autres poupées. Procéder de la même façon une ou deux autres fois jusqu'à ce que toutes les poupées soient faufilées. Mieux vaut en faire plus que moins. Enlever les petits goujons, les traverses, dérouler et ôter délicatement les petits clous qui retenaient la couverture.

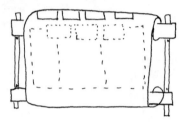

Couture à la machine

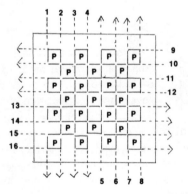

Coudre les contours des rectangles de poupées et, au lieu de coudre rectangle par rectangle, coudre de grandes lignes.

Les lignes 4, 5, 12 et 13 sont les plus difficiles à coudre car une grande partie du couvre-lit se trouvera entre l'aiguille (le pied de la machine) et le moteur.

Coudre de 10 à 12 points par trois centimètres.

Coudre les lignes 2, 3 et 4 ; retourner l'ouvrage, continuer par les lignes 5, 6 et 7. (Nous cousons les lignes 1 et 8 à la fin car il y a interruption entre les poupées.) Retourner l'ouvrage, coudre les lignes 10, 11 et 12 ; retourner l'ouvrage et terminer par les lignes 13, 14 et 15. Il ne reste que les bordures 1, 8, 9 et 16. En prenant soin d'arrêter entre chaque poupée, coudre ces derniers rectangles.

La bordure

 On peut poser un biais, une bordure d'une autre couleur ou simplement coudre les bords en rentrant à l'intérieur 1 à 2,5 cm du dessus et du dessous. De préférence, insérer la ouatine avec le dessous. Epingler et coudre près du bord. Enlever tout le faufil. Une semaine plus tard, couper de nouveau les fils qui dépassent.

Les personnes patientes peuvent aussi piquer à la main le contour des poupées.

PROJET 17   **Couvre-lit au tricot aux aiguilles**

MATÉRIEL REQUIS

Environ 450 grammes de laine bleu turquoise.
Environ 450 grammes de laine bourgogne.
100 grammes de laine vert pomme.
100 grammes de laine orangée.
40 grammes de laine bleu marine.
Aiguilles à tricoter 4,5 mm.
Crochet 4,5 mm.

DIMENSIONS

Couvre-lit : 160 cm X 180 cm.
Chaque rectangle : 20 cm X 30 cm.

PATRON

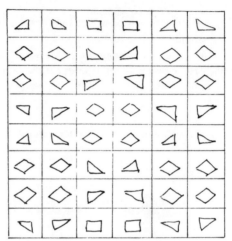

48 rectangles, 49 mailles, 53 rangs

24 rectangles bourgogne

24 rectangles bleu turquoise

4 rectangles orangés, fond bleu turquoise

20 losanges orangés, fond bleu turquoise

24 triangles vert pomme, fond bourgogne

Tous les motifs à l'intérieur des rectangles sont tricotés au point jersey. Chaque rectangle a une bordure tricotée au point mousse : 7 rangs en haut, 7 rangs en bas, les 6 premières mailles et les 6 dernières mailles pour les 17 autres rangs.

Couvre-lit au tricot aux aiguilles

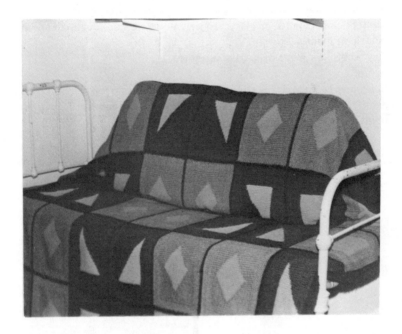

Travail de Michelle Deguire

Losanges

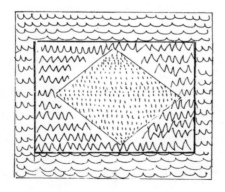

Monter 49 mailles. Tricoter 7 rangs au point mousse. Pendant 5 rangs, tricoter 6 mailles au point mousse, 37 mailles au point jersey et 6 mailles au point mousse.
Au sixième rang : 1 maille orangée à la quatorzième maille.
Au septième rang : 3 mailles orangées aux treizième, quatorzième et quinzième mailles.
Suivre ainsi le schéma de la page suivante.

Continuer en tricotant 5 rangs jersey (sauf pour les 6 premières et les 6 dernières mailles, qui sont au point mousse). Terminer par 7 rangs au point mousse.

Rectangles

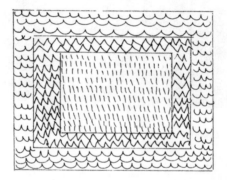

Monter 49 mailles. Tricoter 7 rangs au point mousse. Pendant 5 rangs, tricoter 6 mailles au point mousse, 37 mailles au point jersey et 6 mailles au point mousse.
Au sixième rang : 27 mailles orangées, de la septième maille jusqu'à la trente-quatrième.
Au septième rang : 27 mailles orangées, de la septième maille jersey jusqu'à la trente-quatrième maille.

Suivre le schéma de la page suivante jusqu'au trente-quatrième rang.
Continuer en tricotant 5 rangs jersey (sauf pour les 6 premières et les 6 dernières mailles, qui sont au point mousse). Terminer par 7 rangs au point mousse.

```
                        1
                       2 3
                    1 2 3 4 5
                  1 2 3 4 5 6 7
                 1 2 3 4 5 6 7 8 9
               1 2 3 4 5 6 7 8 9 10 11
              1 2 3 4 5 6 7 8 9 10 11 12 13
            1 2 3 4 5 6 7 8 9 10 11 12 13 14 15
          1 2 3 4 5 6 7 8 9 10 11 12 13 14 15 16 17
         1 2 3 4 5 6 7 8 9 10 11 12 13 14 15 16 17 18 19
       1 2 3 4 5 6 7 8 9 10 11 12 13 14 15 16 17 18 19 20 21
      1 2 3 4 5 6 7 8 9 10 11 12 13 14 15 16 17 18 19 20 21 22 23
    1 2 3 4 5 6 7 8 9 10 11 12 13 14 15 16 17 18 19 20 21 22 23 24 25
  1 2 3 4 5 6 7 8 9 10 11 12 13 14 15 16 17 18 19 20 21 22 23 24 25 26 27
   1 2 3 4 5 6 7 8 9 10 11 12 13 14 15 16 17 18 19 20 21 22 23 24 25
     1 2 3 4 5 6 7 8 9 10 11 12 13 14 15 16 17 18 19 20 21 22 23
       1 2 3 4 5 6 7 8 9 10 11 12 13 14 15 16 17 18 19 20 21
        1 2 3 4 5 6 7 8 9 10 11 12 13 14 15 16 17 18 19
          1 2 3 4 5 6 7 8 9 10 11 12 13 14 15 16 17
           1 2 3 4 5 6 7 8 9 10 11 12 13 14 15 16 17
             1 2 3 4 5 6 7 8 9 10 11 12 13
               1 2 3 4 5 6 7 8 9 10 11
                 1 2 3 4 5 6 7 8 9
                   1 2 3 4 5 6 7
                     1 2 3 4 5
                       1 2 3
                        1
```

losange

```
1 2 3 4 5 6 7 8 9 10 11 12 13 14 15 16 17 18 19 20 21 22 23 24 25 26 27
1 2 3 4 5 6 7 8 9 10 11 12 13 14 15 16 17 18 19 20 21 22 23 24 25 26 27
1 2 3 4 5 6 7 8 9 10 11 12 13 14 15 16 17 18 19 20 21 22 23 24 25 26 27
1 2 3 4 5 6 7 8 9 10 11 12 13 14 15 16 17 18 19 20 21 22 23 24 25 26 27
1 2 3 4 5 6 7 8 9 10 11 12 13 14 15 16 17 18 19 20 21 22 23 24 25 26 27
1 2 3 4 5 6 7 8 9 10 11 12 13 14 15 16 17 18 19 20 21 22 23 24 25 26 27
1 2 3 4 5 6 7 8 9 10 11 12 13 14 15 16 17 18 19 20 21 22 23 24 25 26 27
1 2 3 4 5 6 7 8 9 10 11 12 13 14 15 16 17 18 19 20 21 22 23 24 25 26 27
1 2 3 4 5 6 7 8 9 10 11 12 13 14 15 16 17 18 19 20 21 22 23 24 25 26 27
1 2 3 4 5 6 7 8 9 10 11 12 13 14 15 16 17 18 19 20 21 22 23 24 25 26 27
1 2 3 4 5 6 7 8 9 10 11 12 13 14 15 16 17 18 19 20 21 22 23 24 25 26 27
1 2 3 4 5 6 7 8 9 10 11 12 13 14 15 16 17 18 19 20 21 22 23 24 25 26 27
1 2 3 4 5 6 7 8 9 10 11 12 13 14 15 16 17 18 19 20 21 22 23 24 25 26 27
1 2 3 4 5 6 7 8 9 10 11 12 13 14 15 16 17 18 19 20 21 22 23 24 25 26 27
1 2 3 4 5 6 7 8 9 10 11 12 13 14 15 16 17 18 19 20 21 22 23 24 25 26 27
1 2 3 4 5 6 7 8 9 10 11 12 13 14 15 16 17 18 19 20 21 22 23 24 25 26 27
1 2 3 4 5 6 7 8 9 10 11 12 13 14 15 16 17 18 19 20 21 22 23 24 25 26 27
1 2 3 4 5 6 7 8 9 10 11 12 13 14 15 16 17 18 19 20 21 22 23 24 25 26 27
1 2 3 4 5 6 7 8 9 10 11 12 13 14 15 16 17 18 19 20 21 22 23 24 25 26 27
1 2 3 4 5 6 7 8 9 10 11 12 13 14 15 16 17 18 19 20 21 22 23 24 25 26 27
1 2 3 4 5 6 7 8 9 10 11 12 13 14 15 16 17 18 19 20 21 22 23 24 25 26 27
1 2 3 4 5 6 7 8 9 10 11 12 13 14 15 16 17 18 19 20 21 22 23 24 25 26 27
1 2 3 4 5 6 7 8 9 10 11 12 13 14 15 16 17 18 19 20 21 22 23 24 25 26 27
1 2 3 4 5 6 7 8 9 10 11 12 13 14 15 16 17 18 19 20 21 22 23 24 25 26 27
```

rectangle

```
1
1 2
1 2 3
1 2 3 4
1 2 3 4 5
1 2 3 4 5 6
1 2 3 4 5 6 7
1 2 3 4 5 6 7 8
1 2 3 4 5 6 7 8 9
1 2 3 4 5 6 7 8 9 10
1 2 3 4 5 6 7 8 9 10 11
1 2 3 4 5 6 7 8 9 10 11 12
1 2 3 4 5 6 7 8 9 10 11 12 13
1 2 3 4 5 6 7 8 9 10 11 12 13 14
1 2 3 4 5 6 7 8 9 10 11 12 13 14 15
1 2 3 4 5 6 7 8 9 10 11 12 13 14 15 16
1 2 3 4 5 6 7 8 9 10 11 12 13 14 15 16 17
1 2 3 4 5 6 7 8 9 10 11 12 13 14 15 16 17 18
1 2 3 4 5 6 7 8 9 10 11 12 13 14 15 16 17 18 19
1 2 3 4 5 6 7 8 9 10 11 12 13 14 15 16 17 18 19 20
1 2 3 4 5 6 7 8 9 10 11 12 13 14 15 16 17 18 19 20 21
1 2 3 4 5 6 7 8 9 10 11 12 13 14 15 16 17 18 19 20 21 22
1 2 3 4 5 6 7 8 9 10 11 12 13 14 15 16 17 18 19 20 21 22 23
1 2 3 4 5 6 7 8 9 10 11 12 13 14 15 16 17 18 19 20 21 22 23 24
1 2 3 4 5 6 7 8 9 10 11 12 13 14 15 16 17 18 19 20 21 22 23 24 25
1 2 3 4 5 6 7 8 9 10 11 12 13 14 15 16 17 18 19 20 21 22 23 24 25 26
1 2 3 4 5 6 7 8 9 10 11 12 13 14 15 16 17 18 19 20 21 22 23 24 25 26 27
```

triangle

Triangles

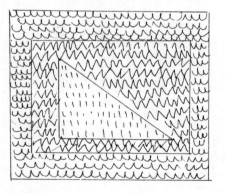

Monter 49 mailles. Tricoter 7 rangs au point mousse. Pendant 5 rangs, tricoter 6 mailles au point mousse, 37 mailles au point jersey et 6 mailles au point mousse. Au sixième rang : 27 mailles vert pomme au point jersey. Au septième rang : 26 mailles vert pomme au point jersey après avoir exécuté une diminution. Suivre le schéma de la page précédente jusqu'à ce que le triangle n'ait plus qu'une maille vert pomme. Au trente-quatrième rang, continuer en tricotant 5 rangs bourgogne au point jersey (sauf pour les 6 premières et les 6 dernières mailles, qui sont au point mousse). Terminer par 7 rangs au point mousse.

Bordure

Réunir les rectangles au crochet avec de la laine bleu marine. Préparer des colonnes de huit rectangles et réunir ensuite les six rangées. Bien suivre le patron en prenant soin de retourner les rectangles illustrant les triangles. Tricoter au crochet (mailles serrées) trois rangs autour de la couverture.

PROJET 18   **Couvre-lit à la main : la courtepointe**

Le rêve de tous ceux qui commencent l'aventure du patchwork. Le summum dans ce domaine. Même si cette création est plus individuelle que collective, comme au temps où les femmes se réunissaient pour piquer les courtepointes, chacun souhaite avoir le temps de réaliser cette oeuvre d'envergure.

Ce dernier projet ne suggérera pas un modèle particulier puisque tous les patchworks ou appliqués des deux premières parties peuvent servir à la courtepointe.

La véritable courtepointe recouvre les oreillers, le pied du lit et les côtés. Elle mesure entre 1,50 m et 2,80 m de largeur, et 2 m à 3 m de longueur.

TECHNIQUE

1) Epaisseurs

Le dessous ou la doublure peut être un drap tout blanc car cela évitera des coutures supplémentaires.

Le rembourrage est une ouatine de polyester. Elle a remplacé avantageusement celle de coton, qui se déformait et séchait mal après le lavage. Les courtepointes ne requièrent qu'une seule épaisseur de ouatine alors que pour les couvre-lits cousus à la machine, on peut utiliser deux ou trois épaisseurs.

Le dessus est bigarré. Il se compose d'une répétition de motifs sur un fond uni ou d'une juxtaposition de carrés sur lesquels sont déjà appliqués certains patchworks. Les plus connus (traditionnels ou plus modernes) sont :

A) **les étoiles**
    étoile de Charlevoix
    étoile de l'est
    étoile double chaînage
    étoile de mer
    étoile trompe-l'oeil
    étoile de Bethléem

B) **les plantes**
    le bouquet
    le tournesol
    la tulipe
    la feuille d'érable
    le lys stylisé
    le petit hêtre
    la rose de Sharon

C) les figures géométriques contenues dans les parties précédentes.

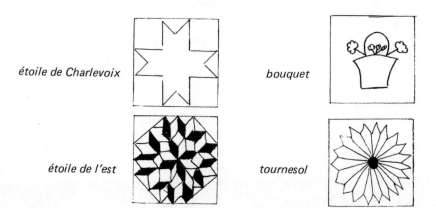

étoile de Charlevoix

bouquet

étoile de l'est

tournesol

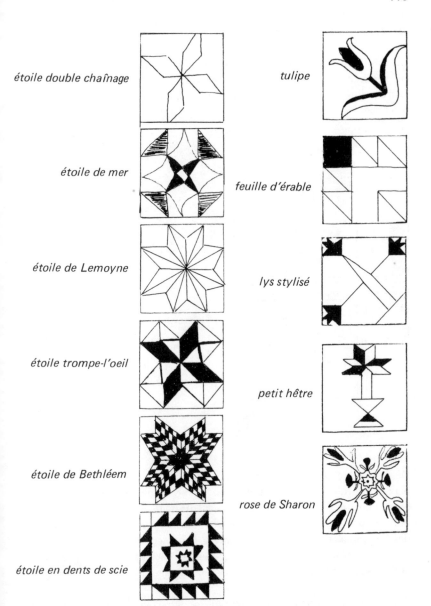

étoile double chaînage

tulipe

étoile de mer

feuille d'érable

étoile de Lemoyne

lys stylisé

étoile trompe-l'oeil

petit hêtre

étoile de Bethléem

rose de Sharon

étoile en dents de scie

Il en existe plusieurs autres. Les créations personnelles ont quelque-fois plus de valeur que les reproductions.

2) Assemblage du dessus

Les motifs peuvent être cousus à la main, pour plus d'authenticité, sur des carrés ou des rectangles qui seront assemblés de façon à former la courtepointe. Il existe différentes manières d'encadrer ces carrés ou ces rectangles.

A)

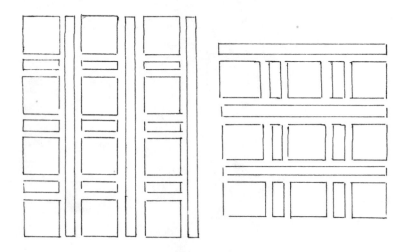

De petites bandes horizontales cousues au bas de chaque motif et une bande verticale entre chaque colonne de motifs permettent un assemblage solide et durable. Les coeurs saignants de la page suivante en sont un exemple. Les petites bandes peuvent aussi être verticales et les grandes horizontales ; l'effet sera le même si la couleur est foncée. Il s'agit de choisir en fonction du motif. Le premier encadrement fait paraître la courtepointe plus longue et le second plus large.

B) Si on désire une courtepointe plus moderne, employer dans l'encadrement deux couleurs de tissus : l'une pâle pour des petits carrés aux quatre coins, et l'autre foncée pour les bandes. Le bleu marine est très spectaculaire avec le blanc. Cet agencement sert plus souvent à l'encadrement des rectangles que des carrés, mais l'effet visuel est très riche

COEURS SAIGNANTS

dans un cas comme dans l'autre. L'assemblage est plus long mais le résultat plus impressionnant.

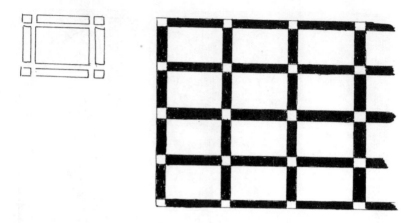

C) Des bandes foncées peuvent aussi être disposées en diagonales et les motifs appliqués entrent dans chaque bloc. A première vue, ce modèle est plus compliqué mais ce sont des bandes cousues à angles droits.

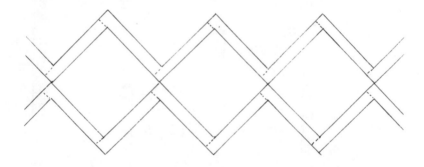

D) On peut encore assembler les carrés entre eux, comme on doit le faire pour les *cabanes de bois* ou les *pointes folles*. Aucune bordure n'est requise à part celle qui orne toute la couverture. Ne demeurent alors que les coutures visibles entre chaque carré mais qui seront plus ou moins dissimulées sous les points de piquage.

E) Les motifs peuvent être cousus directement sur le tissu de fond. Il faut alors mesurer avec précision afin que les motifs soient à égale distance.

Dans cet agencement, le couvre-lit ne présente qu'un seul dessin, chaque forme géométrique n'étant qu'une partie du grand motif. Tel est le cas de l'*étoile de Bethléem*.

Un couvre-lit peut aussi être composé uniquement de triangles, d'hexagones ou de coquilles, mais dans ce cas le motif ressemble plus à celui de l'édredon qu'à celui de la courtepointe.

F)   Dernière façon d'assembler les motifs préparés : sans réunir les carrés ou les rectangles en les assemblant à l'aide de bandes, sans non plus composer un seul motif pour tout le couvre-lit, il existe un montage intermédiaire qui consiste à coudre directement plusieurs motifs sur le tissu de fond.   Le motif est alors un morceau unique composé tout au plus de deux ou trois pièces différentes.   Là encore, les distances sont plus importantes que si on assemblait des carrés.   Ce procédé est recommandé pour les motifs simples : poupées d'une seule pièce, arbre ou feuille en deux morceaux, maison ou animal.   Cette courtepointe ne laisse paraître aucune ligne de couture,   aucune bande ; les motifs se fondent dans l'ensemble.

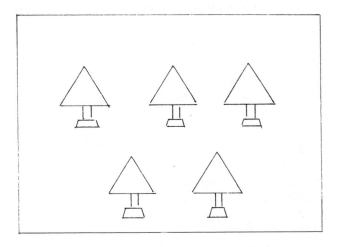

3) Le piquage

C'est la partie la plus longue de la courtepointe, celle qui exige de la patience ou la développe, mais surtout celle qui suscitait autrefois des réunions joyeuses et des échanges fructueux.

Le piquage peut offrir plusieurs motifs, et souvent la méthode utilisée consiste à suivre le contour des appliqués. Les lignes droites sont faciles à exécuter, de même que les carrés ou les losanges, mais pour qui cherche des effets visuels plus riches, l'éventail, les feuilles de chêne, la croix ou la rosace seront à la hauteur. (Voir les pages suivantes.)

Pour tracer ces modèles, il est préférable d'employer une craie tailleur ou du papier de soie que l'on enlèvera en tirant légèrement, une fois les points cousus. Eviter les marques de crayon indélébiles. Pratiquer sur des échantillons avant de se lancer dans la confection de la courtepointe.

Avant de piquer, monter les trois épaisseurs sur le métier à piquer, tel qu'expliqué au projet 16. Pour obtenir une meilleure tension, on peut tresser les côtés de la courtepointe sur les barres transversales. Employer une corde solide mais assez fine pour ne pas laisser de trop gros trous. Il ne s'agit pas de tirer à l'extrême, mais surtout de fixer la courtepointe régulièrement, afin d'obtenir une tension souple et égale. Défaire chaque fois ce tressage avant d'enrouler une nouvelle partie et tresser de nouveau.

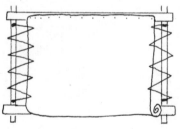

Il existe aussi de grands métiers qui permettent de monter toute la courtepointe, mais le piquage du centre s'avère très difficile. Mieux vaut rouler et dérouler. Certains préfèrent piquer sans métier, ce qui est réalisable avec un peu d'expérience. Mais le matelassage ayant pour but de retenir les trois épaisseurs de manière à ce que la ouatine ne se déplace pas, il faut être certain que les trois épaisseurs se maintiennent ensemble tout au long du piquage.

ARCADES OU COQUILLES

RECTANGLES

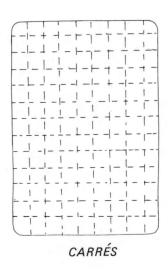

ESCALIERS

CARRÉS

CONTOURS DES APPLIQUÉS

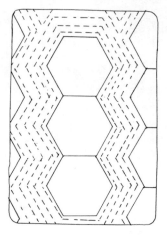
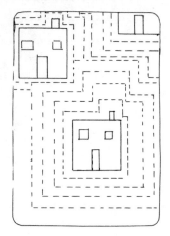

CROIX   ROSACE

CHAÎNES

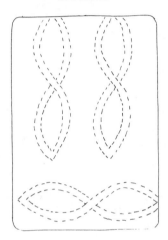

CERCLES

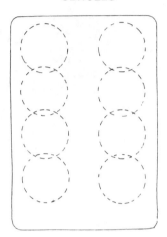

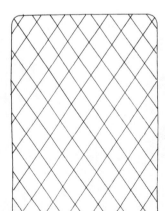

LOSANGES

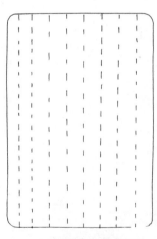

LIGNES DROITES

ÉVENTAIL

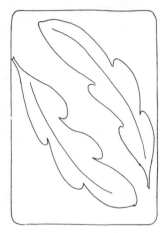

FEUILLES DE CHÊNE

BORDURES

ARABESQUES

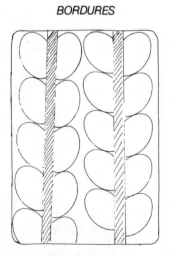

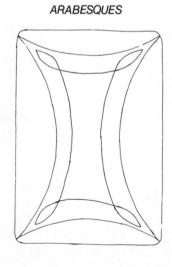

On peut travailler avec des épingles, mais on se rendra vite compte que même des épingles neuves s'enfoncent difficilement dans le polyester. Si on n'emploie pas de métier, il est préférable de retenir les trois épaisseurs à tous les 15 ou 20 cm au moyen de petits points tailleurs noués sur le dessus.

Pour piquer, employer une aiguille neuve numéro 8 (et en garder plusieurs en réserve) et du fil à matelasser (en coton). Coudre au point devant. Les points doivent être serrés et réguliers, 8 à 10 par trois centimètres.

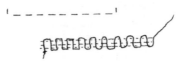

Deux manières peuvent être utilisées :
1)   De gauche à droite pour les droitiers, l'inverse pour les gauchers, piquer bien droit à travers les trois épaisseurs (quatre si on pique sur les motifs), récupérer l'aiguille en dessous et faire ressortir sur le dessus, quelques millimètres plus loin, en tirant légèrement.   Cette méthode s'emploie avec le métier.

2) Si on n'utilise pas de métier ou si la courtepointe n'est pas trop tendue (vers le centre surtout), on peut piquer un ou deux points à la fois, en tenant l'aiguille à 45 degrés. Faire ressortir l'aiguille sur le dessus. Cette méthode demande de l'expérience car il faut être sûr que l'aiguille traverse bien les trois épaisseurs et que les points soient réguliers.

Plus la courtepointe sera tendue, meilleur sera l'effet des piqûres. Les points doivent être aussi réguliers sur l'envers que sur l'endroit.

4) **La bordure**

Les courtepointes comportant des bandes unies sont encadrées d'une bordure unie de même couleur et de même largeur que les bandes intérieures.

Il est possible aussi de rentrer simplement le bord du dessus et du dessous vers l'intérieur et de finir proprement au point glissé.

Certaines bordures plus travaillées font partie de l'ensemble du patchwork. Des carrés ou des dents de scie, par exemple. Les faire coïncider avec l'ensemble et les prévoir dès le début de l'ouvrage.

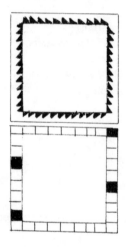

CONCLUSION

Toutes les avenues sont maintenant ouvertes. Les techniques expliquées et les exemples choisis ne servent qu'à faire découvrir à chacun les multiples combinaisons possibles, selon ses besoins et sa personnalité.

En variant les tissus, les motifs et les techniques, toutes les CREATIONS sont autant de matériel artistique original. Abstraites ou figuratives, traditionnelles ou modernes, toutes les compositions sont permises, en autant qu'elles sont personnelles.

Autrefois, le matériel de base était les chutes de tissu provenant de vêtements usés ; aujourd'hui, les créateurs travaillent beaucoup avec les textiles neufs, pour assurer la qualité et la durabilité, mais l'important reste l'usage que l'on compte faire de ses réalisations : les vendre, les offrir ou les garder pour soi.

L'imagination et l'audace restent les atouts majeurs permettant à tout le monde, initié ou non, de créer ses propres oeuvres.

POINTS UTILISÉS DANS CE LIVRE

page

Point de feston . . . .

Point de chaînette 26

Point droit 30

Point de satin 33

Point glissé 38

Point de chenêt 79

Point de croix 80

Point de chausson 80

Demi-soleil 80

Crochet 92

Tricot, point jersey 95

Piqué 120

Points de broderie

De gauche à droite :
point de chenêt ou point d'épine ·
point de chaînette
point de feston ou point de grébiche
point de satin ou point bourdon
point droit ou point de devant
point de surjet (sur deux épaisseurs)

De bas en haut :
point de croix
point de chausson
demi-soleil

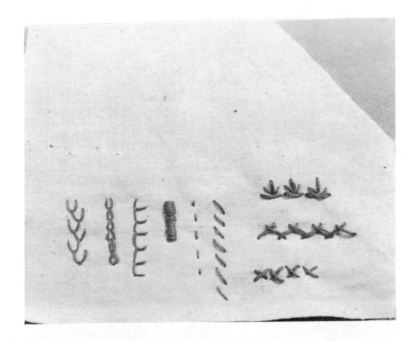

BIBLIOGRAPHIE

En langue anglaise, de nombreux ouvrages sont publiés sur le patchwork ou les courtepointes, mais il serait trop long de les énumérer et, de toute façon, il n'est pas impérieux de les consulter.

En langue française, il existe deux sortes de publications qu'il est intéressant d'examiner attentivement : les livres et les revues.

Les livres

L'Art traditionnel au Québec, Huguette Marquis et Michel Lessard, Editions de l'Homme, Montréal, 1975.

Artisanat québécois, tome 1 : "Les bois et les textiles", Cyril Simard, Editions de l'Homme, Montréal, 1975.

Le Patchwork, Dominique et Emmanuel Chauche, Editions Solar, Paris, 1978.

Initiation à l'artisanat, "Courtepointe", Dorothy Frager, Editions Héritage, Montréal, 1974.

Les revues

Ateliers, Montréal Offset, 1978.

Collection "Artisanat et Loisirs", Editions P.P.I., Montréal 1975.

Achevé d'imprimer
en avril mil neuf cent soixante-dix-neuf
sur les presses de l'Imprimerie Gagné Ltée
Louiseville - Montréal.
Imprimé au Canada